十和田湖山幻想

ストーンサークルと黒又山

長池透

今日の話題社

十和田湖

野中堂日時計と黒又山

(上) 黒又山 / (下) ストーンサークル・万座日時計

（上）鳥海山・秋田県側より　/　（下）早春の東北

（上）米代川と七座山　／（下）田沢湖

八戸地方のえんぶり（国の重要無形民俗文化財）

まえがき

　私は太古の湖の中を走っていた。雪の季節に、十和田湖から大湯の黒又山《くろまんた》、ストーンサークルを経て、大館市にある男神山《おがみやま》・女神山の方へ向かうときのことである。黒又山は、少し雪をかぶってはいたが、黒々とした姿を見せており、ストーンサークルは、ほとんど雪の中に埋もれていた。わずかに野中堂遺跡の日時計組石がその頭をのぞかせているだけだった。その後、風花の舞う中、まっすぐに続く雪の道の前方は、一面の雪原で、その先に、雪をかぶった山々が連なっていた。私はこのとき、雪が積もっている凍った湖の上を走っているような錯覚を覚えた。もし、この雪の下が水面であったら、間違いなくここは湖なのである。

　昔、この鹿角盆地は「湖の時代」があったそうだ。雪のないときは地面が見えているので、湖だったという実感はわかないが、このときは雪原になっていたので、こういうイメージになったのである。

これまで何度か大湯のストーンサークルや黒又山を訪れてはいたが、このイメージを持ったことはなかった。以前、十和田湖から大湯温泉を訪れ、たまたま黒又山で、この山の放つ四次元の光とでもいうべき潜象界《せんしょう》の光を視《み》たとき、「何故」かがわかった。

ここで、山の放つ四次元の光とでもいうべき潜象光について、少し説明しておきたい。

あるとき、出羽三山の一つ、湯殿山を訪れる機会があり、湯殿山の一角に立って、何気なく目を閉じてみたら、そこには光だけの世界が現れた。ピンク、オレンジ、黄色、それに赤い色、それらは幾層にも重なっており、穏やかな波のうねりを思わせる光だった。呆然としているうちに、中央部が次第に盛り上がってきて山形になった。褶曲山脈の断面図を見るように、色鮮やかな色彩が幾層にも重なって視えたのである。

しばらくして、この光の流れに加えて、視界の左右に、上の方から、まるで滝のように、黄色がかったオレンジ色のエネルギーが流れ落ちてきた。さらに驚いたことに、これらの光に加えて、視界の下の方から強い黄色というか、金色というか眩いばかりの光が、火山の爆発のように噴出しだしたのである。

これら三種類の光が、同時に現出している光景の美しさ、見事さは、たとえようのないものであった。まさに光の奔流、光の一大ページェントといえるほどで、ただただ、驚きと大自然の偉大さ、素晴らしさ、宇宙の玄妙さに浸りきって、そのまま、その場に立ちつくしていた。人知の遙かに及ばない世界、「宇宙即神」の世界だと思った。しばらくして、眼を開いたら、そこには普通の山しか見えていなかった。とても不思議な出来事だった。私はこの光を潜象エネルギー（潜象光）と呼ぶことにした。肉眼では視えない光なので、肉眼で見える顕象の光と区別するためである。

これが、山の放つ肉眼では見えぬ四次元の光を、私が視るきっかけだった。それから、山々が放つ潜象光の調査を始めたのである。

註　潜象光については、私の著書『神々の棲む山』（たま出版）に詳しく書いてあるので、読んでいただければ幸いである。

これまで、ストーンサークルはなんとなく気になっていたが、山でもなく、神社でもない、この古代遺跡は、異質な存在である。したがって、調べてみようという気にはならなかったが、黒又山で潜象光を視たとき、ストーンサークルをテーマとして調査してみようという意識が表面に浮かび上がってきた。そして鹿角の超古代に遡って調べてみる気になったことが、今回この本を書く元となった。

多くの資料を調べたり、八戸地方の伝統芸能、国の重要無形民俗文化財「えんぶり」を見に行った際に入手したこの地方の伝説「八の太郎」の物語を読んだり、現地の人の話を聞いたりしているうちに、だんだんと周辺の山々との繋がりがみえてきた。その中で、伝説が長い年月を経て、再び現代に甦ってきているような不思議さも感じられたのである。このような伝説と失われた文明の復活についても、この本に書き残したいと思ったのである。

これが新しい世紀の幕開けになり得るかどうかは別にしても、現代の科学が新しい分野を開拓する足がかりになればよいと考え、私なりに、超古代文明に取り組んでみた。超古代に想いを馳せながら、新しい光のエネルギーとの関係を読みとっていただければ幸いである。

十和田湖山幻想・目次

写真提供＝日本写真作家協会会員・向井茉里子

十和田湖山幻想——ストーンサークルと黒又山——

プロローグ　十和田湖山

「この山まだ生きている」

同行のS氏に向かって、思わず口をついて出た。それは大石神の調査を終え、東北の山々の旅が終わりに近づき、帰途についた途中の出来事であった。十和田湖から山を下り、大湯温泉まで来た際、なんとなく黒又山で車を降り、この山の綺麗な潜象エネルギーが視えたときのことである。

このとき視た潜象エネルギーは、視界の下方は紫色、上部はオレンジ色の漂うエネルギーであり、立ち上がるエネルギーは、オレンジ色の幅広く明るいものであった。

東北の山々を調査する際、このあたりは何度となく通っていたが、黒又山やストーンサークル（大湯環状列石）に立ち寄ることはなかった。特に理由はなかったが、強いて言えば先を急ぐ旅であり、途中であまり寄り道をしたくなかったことと、ストーンサークルの周辺が整備されすぎていて、昔、調査したころの風景とはまるで異なったものになっていたことが、なんとなく素通りの原因であったようである。ただ、いずれこのあたりの調査をやることになりそうだという感じはあった。

そのときはそのまま帰京したが、黒又山の潜象エネルギーが気になって、この周辺の山々のことを地図上で調べてみた。すると、前著『神々の棲む山』の発端になった、宮城県宮崎町周辺に多い黒森と名の付く山が、宮崎町周辺よりもさらに沢山あることがわかった。そこでこれらの黒森、黒森山、大黒森、また大森、大森山等を地図上で結んでみたら、正三角形や二等辺三角形がいくつもできた。ただ不思議なことに、ストーンサークルはこれらの図形と繋がるような位置にはなっていなかったのである。

家で、あれこれ考えていても話が進みそうにないので、南の方の調査を少し延ばして、再度、東北へ出かけ、大湯のストーンサークル周辺を調べてみることにした。

調べてゆくうちに、十和田湖が大きなテーマになってきた。昔、ここは十和田火山であった。大噴火によって、溶岩や火山灰を噴出して陥没し、今は湖になっている。

私が今回調べたのは、まだ十和田湖ができる前のことで、ここには大きな山があった。本書では、この山を「十和田湖山」と呼ぶことにした。そして今は幻の山となっているので、本の題名を『十和田湖山幻想』とすることにした。なお、副題を「ストーンサークルと黒又山」としたのは、この十和田湖山からの潜象エネルギーを受けていたストーンサークルと黒又山を主体に書いているからである。

この十和田湖山が偉容を誇っていたころ、この周辺一帯には一つの文明があったと思われる。その文明で用いられていた科学技術は、現在の科学とは基本的なコンセプトが、まったく違ったものであった可能性が強い。そして、その時代とは、考古学でいう縄文時代よりもっともっと昔のことである。

一つの文明が天変地異によって、完全に消滅し、また新たに別の文明が台頭してくるというのは、この地球上で何度かあったようで、十和田湖山周辺もその一つであると思われる。本書ではそのころのことを描きたいと思っている。

黒森・黒森山・大黒森そして大森山

地図上で同名の山が多いことがわかったので、そのわけが知りたくて、冬だったが鹿角市大湯周辺へ出かけた。地図上で調べたところでは、雪の多い季節にもかかわらず、比較的調査しやすいようであった。同名の山が多いことに加え、ストーンサークルや黒又山が存在していることも、大湯周辺を選んだ理由の一つである。

ストーンサークルはすでに遺跡となっており、建設当時のように潜象エネルギー流を呼び込む力はなくなっている。仮にこの装置を再現できたとしても、当時の条件と異なってきているので、その能力を復活することは難しいが、かつては潜象パワーの中心であったと思われる。

それはともかくとして、大湯、小坂地域には黒森（黒森山）が三つある。黒又山を加えると四つになる。さらに、この地域を含む大きな三角形を描くと、東は新郷村の大黒森、西は西目屋村の大黒森、南西の方向には鷹巣町の黒森山、東南には安代町に黒森山と黒森と二つある。さらに安代町と田子町の境界には大倉森（大黒森の転化と受け取れる山）もある。このほか、黒石市にも黒森がある。

このように黒森と呼ばれる山が非常に多く、単に目視で山全体が黒っぽく見えるというだけではなさそうである。大黒森は呼びようによっては「オオクロモリ」よりも「ダイコクモリ」と呼ばれているかもしれないが、この「ダイコク」は七福神の大黒様とは異なると考えた方がよいと思う。

一方、大森の方は鹿角市に一ヵ所、小坂町に一ヵ所ある。また花輪にも大森があり、花輪の大森はすぐ隣に二つ森がある。さらに大森そのものもピークが二つあり、二つ森の様相を呈している。鹿角市には、森はつかないが、水晶を産出していたと思われる水晶山もある。

これらの山に、大館市にある高森と、十和田湖近くの十和利山とを加え、それぞれの山をラインで結ぶと、正三角形や二等辺三角形がいくつもできる。ただ不思議なことに、ストーンサークルや黒又山の位置は、これらの三角形の中点にはなっていない。潜象エネルギーを集める装置だったと考えてみたが、案に相違して、地形的には、そのようにはなっていない。

今回はとにかく、黒森や大森の出している潜象エネルギー流を視てみた。調査に当たっては、前回同様、S氏の協力を仰いだ。雪の季節だったので、これらの山々のすべてを調査することはできなかったが、その代表的なものは視ることができた。その結果は次のようになっている。

大森山（小坂町）　観測点

N40度22分37秒、E140度43分43秒

雪曇り、山容は見えた、綺麗な三角形である。

明るい黄色、ややオレンジっぽい色が眼前一帯に広がる。その後、ピンク系オレンジ色がだんだん強くなった。その中にピンク系紫色が混じりだし、全体が縞模様になってきた。山形の入りくんだ縞模様である。立ち上がるエネルギー流は、濃いピンク系紫とオレンジ色が混じっており、それぞれの色が単独で出てくるときもあった。

黒森（小坂町）　観測点　砂子沢―野口線の十和田湖に出る旧道との分かれ道

N40度22分08秒、E140度45分25秒

H　250メートル
雪曇り、雪が降り出し山容はほんの少し見えた。

眼前いっぱいに黄オレンジ色が広がって視えた。立ち上がるエネルギー流はオレンジ色が主体で、それに黄色が少し混じっていた。漂うエネルギーは黄色が主体である。ピンク系紫色はほんの少し出ていたが、やはりオレンジ系黄色が強い。

大森

観測点　鹿角市級の木
N40度14分48秒、E140度49分49秒
H　150メートル
雪、時々晴れ、大森が正面に見える地点

最初、黄色っぽいオレンジ色が眼前に広がって視えた。それがだんだん濃いオレンジ色に変わっていった。立ち上がるエネルギー流は、濃いオレンジ色に黄色が混じっていた。ピンク系紫色はほとんど視えなかった。大森の山に正対していたが、左30~45度の方向に非常に明るい黄色がいっぱいに広がって視えた。その先90度ぐらいまで明るい黄色が視えた。

黒又山

観測点
N40度16分53秒、E１４０度49分20秒
H　２００メートル
雪、時々晴れ

眼前いっぱいにオレンジ色が広がって視えた。特に下の方が強い。立ち上がるエネルギーも黄色とオレンジ色が非常に明るい。時々淡いピンク系紫色が横縞になって視えた。立ち上がるエネルギーにもピンク系紫色が時々混じって視えた。

黒森

観測点　鹿角市掃　リンゴセンターより視る。
N40度19分47秒、E１４０度49分54秒
H　２００メートル
曇り、時々晴れ

はじめに、黄色とオレンジ色が漂う潜象エネルギーが視えた。立ち上がるものも同じだった。ただし、縞模様になって視えた。ピンク系紫色は大森よりも多い。この色は、立ち上がるエネルギーの中にもあった。太陽の位置はほぼこの方向であり、陽が出たら、これに赤っぽい色が強く加わった。

黒森（同じ山）　観測点　リンゴセンター反対側の大湯側より視る。

Ｎ40度17分32秒、Ｅ１４０度49分21秒

雪、視界利かず山容見えず

一面にオレンジ色が視えた。立ち上がるエネルギーも同じだった。太陽は隠れていたが、リンゴセンターで視たときよりも明るい色だった。ピンク系紫色も出ていたが、黄色とオレンジ色が主体だった。立ち上がるものにもこの紫色が混じる。昨日視た黒森（小坂町）よりも混じり具合は少ない。オレンジ色とピンク系紫色の混じり具合がとても綺麗に視える。ただし、今朝視た大森の方が強い光だった。

今回できなかった森については、時期をみてさらに調査を行いたいと思っている。暫定的になるが、一部推定をすると、次のようになる。

まず黒森と大森との比較であるが、ピンク系紫色は黒森に多く出ており、オレンジ色や黄色は大森の方が強く出て、全般的な潜象光は、大森の方が黒森よりも強かった。

潜象エネルギー流・潜象光

『神々の棲む山』では、目を閉じて視える光のことを潜象エネルギー流と呼んできた。それは、私がふだん目を開いて見える可視光線とは異なる光であったので、潜象界のエネルギー流として知覚したからである。

顕象界の光は普通の光である。これとは別に、目を閉じても色として知覚できるというのは、可視光線とは別の光という意味で、潜象界の光、つまり肉眼では見えないエネルギーであるという見方をしたのである。

註　顕象界とは、潜象に対して、私たちが肉眼で見える世界、つまり、可視光線の世界のことをいう。

そういう意味で潜象光と呼ぶのは、ごく自然の発想なのである。では三次元の光・可視光線とどう違うのか、またこの潜象光を私が光として知覚できるのはなぜかということを考えたとき、潜象光の波長が可視光線と同じであろうという結論に達した。

周波数が同じなのではなく、波長が同じであろうと判断したのは、視覚神経が色を識別できるということは、可視光線と同じ波長だと考えたからである。視覚神経が波長に共振して色を識別するのか、振動数に共振して色を識別するのかで、この考え方は違ってくる。仮に振動数に共振しているのであれば、可視光線の振動数よりもさらに高い振動数に共振して、色の識別を行っていることになる。しかし、肉体細胞の大きさが、可視光線の領域よりも高い振動数に共振して潜象光を視ているとは考えにくい。

物理学で物体の共振を取り扱う場合には、波長ではなく、固有振動数とか共振周波数という形で振動数を取り扱うことが多い。しかし、電波を受信するアンテナでは、波長でアンテナ素子の長さを計算するので、目の細胞が、光の波長に共振（同調）していると考えても別段おかしなことではないのである。

非常に高いエネルギー場におかれた物体（人間の場合も同じ）が、その高エネルギー場の振動数に共振（高エネルギーを受けてこれまでとは異なった状態になること）することは起こるが、その場合の状態は、別の現象として現れるようである。高エネルギー場での振動数に共振する場合ついては、また別の機会に説明することにする。

顕象界の例でいえば、水が周辺温度によって、その形態を変えるようなものであろう。水は摂氏零度で氷（固体）となり、常温では水（液体）であり、摂氏百度で水蒸気となる。この場合の媒体は熱エネルギーである。

私は、目の前が雲や霧に包まれていても、潜象光が視えるので、明らかに可視光線とは別の光を視ていることになる。しかし、実際に潜象光を視るときに、太陽の光と同方向から潜象光がきている場合は、手や帽子で日差しをよけることが多い。そうしないと、太陽の光と重複して実際よりも明るく視えるからである。また暗いところ、例えば神社の社殿のすぐ前とか、鬱蒼と茂っている木立では、全体的に潜象光の明るさが暗めに視えるため、できる限り、普通の状態で潜象光の明暗を判断するよう注意している。

話を元に戻すが、潜象光は高次元の光であり、その意味するところは、可視光線と波長は同じでも、振動数が可視光線よりもずっと高い領域の光であるということである。したがって、潜象光の速度は、可視光線よりも段違いに速い速度であるという推論ができる。（速度＝波長×振動数）

こう考えると、私が潜象光を視ているときには、潜象光の振動数に私の肉体細胞が一時的に順応しているのかもしれない。つまり、通常の細胞の振動数より高い振動数になっており、高潜象エネルギー場ではそのようなことが起こり得るのであろう。

これまで説明してきたことから、潜象光は、可視光線の延長線上にある光ということになる。これは次の二つの事柄を意味することになる。

一つは、私たちの周囲、地球全体、ひいては宇宙もこの潜象光にすっぽりと覆われているということである。肉眼では捉えられないほど、振動数の高い超高速の光の世界が、私たちを包んでいる。この光の世界・潜象の世界からのエネルギーが顕象の世界を潤していると感じられるのである。

もう一つは、可視光線と並行した線上にある波動なので、光を電磁波の一種と考える物理学をさらに拡張すれば、潜象光を電磁波の平行線上に位置付けすることも可能であろうということだ。そうすれば、この潜象光を潜電磁波の一種として考えることもできる。ただし、並行線上とは、波長が同じ位置で、周波数（振動数）が数倍、数十倍、あるいは数百倍高いスペクトラムで、可視光線のスペクトラム（虹の七色のこと）と並列のものと考えていただきたい。

現代の物理学では、可視光線よりも波長の短いもの、長いもの等をその長さにより、電波、マイクロ波、遠赤外線、赤外線、可視光線、紫外線、X線、γ（ガンマー）線というふうに区分している。X線などは、肉体の内部を映像として映しだせるように細胞

可視光線と潜象光の比較

	(波長)	800nm					400nm	
可視光線	赤外線	赤	橙	黄	緑	青	藍	紫	紫外線
潜象光	潜赤外線	赤	橙	黄	緑	青	藍	紫	潜紫外線

nm：ナノメータ

潜象光の波長は可視光線と同じであるため、800〜400nmの範囲にあることになる。ただし、周波数（振動数）は、可視光線よりもはるかに高いため、潜象光の速度は、光の速度（30万キロメートル/秒）よりはるかに速い。

を突き抜けてゆくことのできる波動である。これは、波長が短くなると、細胞など物体を突き抜けてゆく性質が電磁波にでてくるということになる。ここで問題にしたいのは、可視光線の波長であっても、振動数が高くなれば、X線と似たような現象が起こるということである。

これまで私が視てきたものは、主として潜象光の世界であり、X線のように具象的な物を透視したわけではないので、ここは区別しなければならないが、雲や霧の中でも目を閉じて山の放つ潜象光が視えるということは、そのようなことなのである。

ストーンサークルと周辺の山々

最初にストーンサークルを調査に出かけてから、二十年近く経っている。このときはT氏と一緒だった。それ以来、なぜここに、このような石組みが設置されたのか謎のままであった。イギリスのストーン・ヘンジとは、その規模や石組みの状態がだいぶ異なっているが、設置された理由には共通点があるように思えてならなかった。ストーン・ヘンジの場合、その周辺はなだらかな丘陵地帯で、大きな山はなかったように記憶している。それに対し、大湯のストーンサークルの周辺にはいくつもの山がある。しかもそれらの山々の間には、何らかの関連性や共通点があるように思える。

というのは、ストーンサークルの周辺の山々には、黒森とか黒森山とか大黒森という名前の付いている山が散在しているからである。『神々の棲む山』で、宮城県宮崎町の宝森周辺にも黒森という名の山がいくつかあることを紹介したが、その数は、ストーンサークルの周辺には及ばない。

私は、まずこれら黒森山とストーンサークルとの間に、何か関係があるのではないかと考えた。それほど黒森が多いのである。

地図上の位置と、どの山のことを述べているかをわかりやすくするために、番号を振ることにした。黒森も黒森山も大黒森も一連の番号とした。そうすると、（k―1）から（k―11）までの十一ヵ所になった。なお、大森も何ヵ所かあるのでこれは（o―1）のように表した。まず目に付いたのは、大黒森（k―7）と黒森山（k―4）との中間点にストーンサークルがあることである。（k―4）と（k―7）を結ぶ一直線上ではないが、この二つの森からちょうど等距離にある。

等距離にあると、両方の山からの潜象エネルギーが同相で到達するので、宮崎町の場合の幻の赤い山と同じように、海の三角波の原理の潜象エネルギーの山ができる。ここの場合、ほかの黒森との関係を見ると、必ずしも、潜象エネルギー流のピーク値が来ているようでもない。

註　幻の赤い山とは、宮崎町に現れた、潜象エネルギーが集約された赤い色の潜象エネルギーの山をいう。したがって、肉眼では見えないが、潜象界の赤い色をしている。（『神々の棲む山』より）

十和田湖周辺の山々

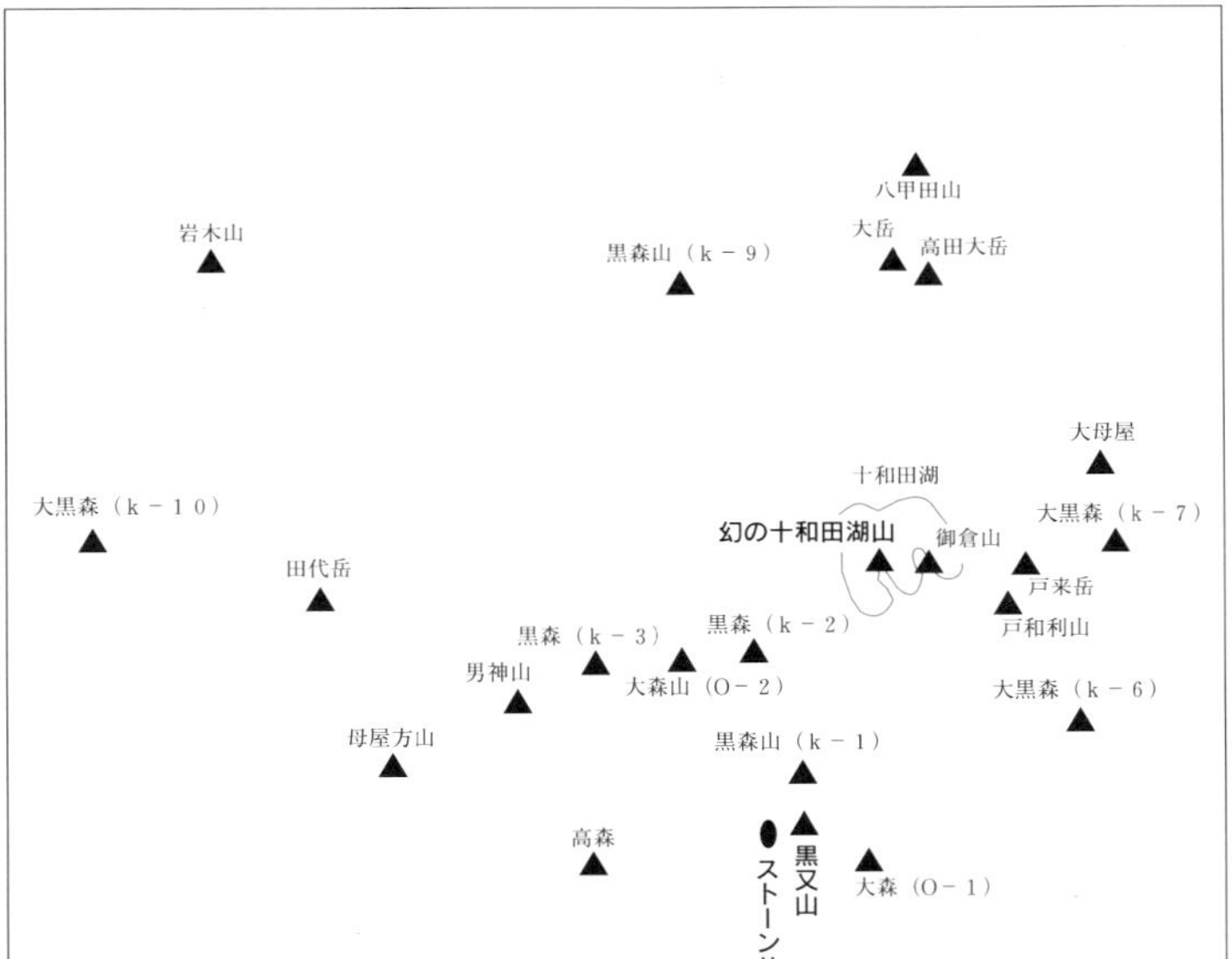

35　ストーンサークルと周辺の山々

二つの森からの潜象エネルギー流のピーク値が、ストーンサークルの位置でもっとも大きいとよいのだが、残念なことに双方とも33キロメートルで、４・５キロメートルの整数倍にはなっていない。このほかの黒森も合致していないものが多い。（k―2）が１・１１、（k―6）が１・８９ぐらいのものである。このことから、潜象エネルギー流のピーク値がストーンサークルに来ているのではないといえる。

ては黒又山はどうか。ストーンサークルと黒又山はちょうど2キロメートル離れている。もし、黒又山が人工の山であれば、ストーンサークルに潜象エネルギーを集約するため、何らかの補完的役割を持っていたのではないかと思われる。黒又山は（k―4）と（k―7）の中間点ではないので、別の山との関連であろう。例えば、大森（o―1）と黒森（k―3）を結ぶ直線上に位置している。

まずストーンサークルが、黒森山（k―4）と大黒森（k―7）から等距離にあるということは、双方の山からの潜象エネルギー流を受ける場所であるといえる。このことについては、それぞれの潜象エネルギー流を視てから判断することになる。

ではこのストーンサークルは、どこから潜象エネルギーを受けていたのであろうか。わたしは次のように考える。

この地にストーンサークルを建造した一番大きな理由は、十和田湖ができる以前の状態にある。つまり、一大噴火によって、火山が陥没して十和田湖になる以前のことである。ここには、十和田湖の代わりに十和田湖山があった。この山はおそらく八甲田山や岩木山と肩を並べるほどの大きな山であったに違いない。したがって、この十和田湖山から放出される潜象エネルギーは強大なものであったろう。ストーンサークルは本質的にはこの十和田湖山の潜象エネルギー流を最も多く受けていたはずである。

ストーンサークルと黒森山（k—1）を結ぶラインをそのまま延長すると、十和田湖のほぼ中心部のやや西より付近に達する。このライン上に十和田湖山の頂上があったのではないかと思われる。この方向から、強大な潜象エネルギー流が、このストーンサークルに流れ込んできていたのであろう。潜象エネルギー流の最大の供給源であった十和田湖山の噴火陥没によって、そのエネルギー源が閉ざされ、かつ、噴火の火山灰によって、ストーンサークルそのものも破壊され、火山灰によって、地下に埋もれてしまったのである。したがって、現在では、十和田湖山がどのような潜象エネルギーを放出していたかは知る由もない。現存する山々からどのような潜象エネルギーが出ているか、またその方向はどうか、それぞれの山にどのような関連があるのかについてだけでも、一応の調査をしておきたいと考えている。ストーンサークルがどのようなメカニズムで潜象エネルギーを利用していたかを推察してみようという試みである。
一方、黒又山は今でも潜象エネルギーを放出している。昔を思い出して、この山の潜象エネルギーを視てみたのである。前回車に戻った後、S氏に「この山まだ生きている」と、思わず言ったことを思い出した。
前回の調査結果だけを概略的に述べると次のようになる。
観測点　N40度16分52秒、E140度49分20秒
磁石補正　西遍7度30分
磁石で85度の方向　黒又山
　下は紫色、上はオレンジ色の漂うエネルギーで、立ち上がるエネルギー流はオレンジ色の幅広いものである。このほか、185～200度、55～60度、0度、280度などの方向に、紫色とオレンジ色の立ち上がる潜象エネルギー流が視えた。
地図上で簡単にチェックしたところ、これらの方向には、八甲田山、西ノ森、水晶山などがある。この付近の潜象エネルギーの源として、現在の十和田湖の上に十和田湖山を想定し、この山から各方面にある黒森、黒森山、大黒森までの距離を地図上で測定してみた。すると非常に興味あるデータができた。

十和田湖の中山半島

なぜこのようなことを始めたかというと、ストーンサークルと黒森山（k―1）を結ぶラインの延長線は、十和田湖のほぼ中央、西寄り側を通ることがわかったからである。これだけでは頂上の位置が確定できないが、以前、上大石神で視た潜象エネルギー流の一つが、戸来岳（駒ケ岳）と十和田湖の中の御倉島方向から来ているのがわかっていたので、このラインを延長してみた。このラインは、十和田湖の中央部をほぼ東西に横切るラインとなった。そこで、ストーンサークル~黒森山（k―1）が、十和田湖を通過するラインとの交点を求めた。その位置は十和田湖の中心部よりやや西寄りであるが、噴火して陥没する以前の十和田湖山の頂上付近と考えても、そう不自然ではない位置である。

この位置を基点として各方面の山々との距離を測ってみた。十和田湖山とストーンサークルとの距離は、22・4キロメートルだった。この距離は、一見中途半端にみえる。そのほかの黒森、黒森山、大黒森との距離もあまりぴたりとした数字にはならなかった。何かこれらの数字に関連性はないものかと、幾日も考えてみた。

前にも述べたように、この周辺には黒森と名の付く山が十一ヵ所もある。これらの森は、大森や高森と結ぶと、多くの二等辺三角形や正三角形を形成するのである。しかし、これらにストーンサークルを含ませると、関連性が今ひとつはっきりしない。それで、別に何かがあるのではないかと思い、仮想十和田湖山との距離を調べたのである。

その結果が思わしくなかったので考えあぐねていたが、ふと『神々の棲む山』での宮崎町宝森周辺の出来事を思い出した。そこでは、潜象エネルギー流の波長が、4・5キロメートル（あるいは4・5×1／nキロメートル）であった。潜象エネルギー流の波長は一つとは限らないので、十和田湖周辺で、この波長が適用できるかどうかわからなかったが、ひとまずこの4・5キロメートルという波長を使ってみることにした。すると興味のある数字が浮かび上がってきた。今まで何の関連性もないと思っていた数字が意味を持っていたことがわかったのである。

十和田湖山から各黒森までの距離を4・5キロメートルで割ってみると、黒森のうち半分は、その距離が4・5キロメートルのN倍にほぼ近い値を示したのである。これを一覧表にすると表Aのようになる。

註　この波長とは、電波でいう変調波（例えば、オーディオの波長に相当するもの）に当たるもので、搬送波（例えば、ラジオのNHK第一放送の594KHzに相当する波長）のことではない。

(A) 十和田湖山からの距離

	L（km）	L／4.5km	参考
黒森山（k-1）	17.3	3.84	18／4.5＝4
黒　森（k-3）	22.3	4.96	22.5／4.5＝5
大黒森（k-7）	18.0	4.0	18／4.5＝4
黒森山（k-9）	26.2	5.82	27／4.5＝6
大黒森（k-10）	59.0	13.1	58.5／4.5＝13
ストーンサークル	22.4	5.0	22.5／4.5＝5
女神山	27.0	6.0	27.0／4.5＝6
大母屋	17.8	3.96	18.0／4.5＝4
十和利山	9.7	2.16	9.0／4.5＝2
田代森	12.75	2.83	13.5／4.5＝3
上大石神	17.65	3.92	18.0／4.5＝4

註　女神山　大館市にあり、男神山と一対の山。以前調査した。
　　大母屋　新郷村にあり、大黒森（k-7）の北東に位置する山。
　　十和利山　十和田湖山からもエネルギーを受けているが、距離的には、八甲田／高田大岳がより密接に関連している。

(B) 各黒森間の距離

	L（km）	L／4.5km	
(k-1) ～ (k-2)	13.82	3.07	
(k-4) ～ (k-7)	94.3	20.96	
(k-5) ～ (k-7)	94.3	20.96	
(k-7) ～ (k-10)	76.0	16.9	
(k-7) ～ (k-8)	49.5	11.0	
(k-9) ～ (k-4)	62.9	13.98	
(k-9) ～ (k-6)	44.9	9.98	
(k-9) ～ (k-11)	99.1	22.0	
(k-2) ～ (o-1)	18.0	4.0	註　o-1＝大森-1

この後、今度は各黒森間の距離を調べてみた。その中で、4・5キロメートルのN倍に近い値を示したものだけをリストアップしてみた。（表B）

その結果、十和田湖山からの距離が4・5キロメートルのN倍になっていない黒森は、十和田湖山から4・5キロメートルのN倍になっている黒森を中継して、十和田湖山の潜象エネルギーを受けていたことになる。（実際には、十和田湖山からの潜象エネルギー流もそのピーク値の何割かは直接受けているので、それが追加されることになる）

このように、この周辺の黒森は、すべて十和田湖山からの潜象エネルギーを受けていたと考えてもよい配置になっているのである。これは、十和田湖山からの潜象エネルギー（波長4・5キロメートルないしその1／n倍のもの）が、それぞれの山にピーク値で到達していたということを意味する。

今でもそれぞれの森は潜象エネルギーを放出しているが、昔々、十和田湖山が噴火して陥没する前は、この山からの強大な潜象エネルギーを得て、今よりも遙かに大きい潜象エネルギーを多くの黒森が放出していたと想像される。このことは、なぜストーンサークルがこの地に設置されたかということの鍵になっていると考えてもよいようである。

ところで、黒又山は、十和田湖山からの距離を測ると4・5キロメートルの倍数に近い値にはなっていないため、十和田湖山とは異なる系統の潜象エネルギーと関わり合っ

(C) 岩木山よりの距離

黒又山	62.8km	13.96 (L/4.5km)
ストーンサークル	61.9km	13.76

(D) 八甲田山(大岳/高田大岳)よりの距離

黒又山	43.2/43.0km	9.6 (L/4.5km)
ストーンサークル	44.5/44.5km	9.9
十和利山	27.65/26.5km	6.14/5.9

ていたと思われる。(表C・D)

この結果、黒又山は岩木山からの潜象エネルギーを強く受けていたことになる。一方、ストーンサークルは十和田湖山からのみでなく、八甲田山からも潜象エネルギーを受けていたようである。

黒森について、(A)十和田湖山からの距離と(B)各黒森間の距離の二つを比較してみると、次のようになる。

十和田湖山から直接潜象エネルギーを受けていた黒森は、(k—1)、(k—3)、(k—5)、(k—7)、(k—9)、そして(k—10)である。これらの黒森を介して、二次的に十和田湖山からの潜象エネルギーを受けていた森は、(k—2)、(k—4)、(k—6)、(k—8)になった。(k—10)を除いて、奇しくも奇数番号と偶数番号に分かれたが、これは私が意識的に分けたのではない。どちらかといえば無作為に地図上で目に付く黒森に番号をつけたのである。番号をつけたときから、この関係がわかるまでには、およそ半年は経っている。

なお、この中で(k—2)、(k—4)、(k—8)は正三角形を形成している山である。またこれら相互間の距離は、約41・8キロメートルで、4・5キロメートルの整数倍に近い値にはなっていない。しかし、湯殿山や、宮崎町の例でみられるように、ここには潜象エネルギーの回転場が発生している可能性があると思われる。

これまでの調査から黒森、黒森山、大黒森と名の付いている山の関係を明らかにすることができた。宮崎町を調査した際、黒森と名の付く山が多かったことに気がついてから、もうすでに三年近くが経っている。

十和田湖山を中心とする黒森や、ストーンサークルへの潜象エネルギーの関係はこのようである。ストーンサークルから2キロメートル離れたところにある黒又山は、岩木山からの潜象エネルギーを受けており、ストーンサークルも八甲田山からも潜象エネルギーを受けていたと考えられることから、これら三山が密接な関係にあったということになる。ストーンサークルに的を絞って考えると、これを設置する位置は、十和田湖山と八甲田山からの潜象エネルギーを大きく受けられる場所として、選ばれたことになる。

黒又山は、人工のピラミッドであるという説もある。もしそうだとしたら、黒又山を造成した理由の一つは、岩木山からの潜象エネルギーを受け、それを何らかの形でストーンサークルへ供給するシステムのためであると考えられる。黒又山が、岩木山の潜象エネルギーをストーンサークルへ供給するための一種のリフレクター（電波の反射板みたいなもの）的機能を持っていたのではないかということだ。現在でも、この山が強い潜象エネルギーを放出しているのは、今回視たので確かである。

しかし、残念なことに、ストーンサークルと黒又山との距離は、2キロメートルちょうどであって、電波のリフレクターのような関係にはなっていない。この謎については今後検討することになる。現在では、仮にストーンサークルが破壊されずにあったとしても、残念ながら十和田湖山が消えてしまっているので、潜象エネルギーを受けることはできない。

ところで、このストーンサークルは万座遺跡と野中堂遺跡からなっている。この遺跡の調査報告書には、組石の石はかなりの数が持ち去られており、元はどのような配置になっていたか想像しにくいと記されている。そのような状態で、克明に分類し、まとめられた方々は、苦労されたに違いない。

組石の働き（機能）がどんなものかわかっていないのであるから、仮に組石の形をある程度推測できたとしても、その確証を得ることは困難である。特にこの石組みが、最大の潜象エネルギーを受けていたと思われる十和田湖山が、現在は湖になっているのだから、なおさらである。このような状態ではあるが、ストーンサークルの原型を推測する試みに、チャレンジしてみることにした。

手掛かりは、「大湯町環状列石」という昭和二十六・二十七年に文化財保護委員会が実施した埋蔵文化財発掘調査報告書である。

ここの遺跡は、野中堂遺跡と万座遺跡の二つの列石が対になって発見されている。形状もよく似ているが、万座遺跡の方が、若干規模が大きい。形は大きく崩れているが、残存する組石の数も万座遺跡の方が断然多い。野中堂遺跡は、半分以上の組石が持ち去られている状態であるため、万座遺跡の方を主体に原型を考えることになる。

二つのサークルには不思議なほど、壊されないで残っている石組みがある。それは日時計と呼ばれている組石である。この組石だけは、野中堂遺跡にも残っているのである。私が日時計組石に注目している理由は二つある。一つはその形がほぼ完全なので、エネルギーを集める機構を推測する手掛かりになりそうだからである。もう一つは、この日時計組石とストーンサークルの中心を結ぶラインに興味があるからだ。

万座遺跡全体図

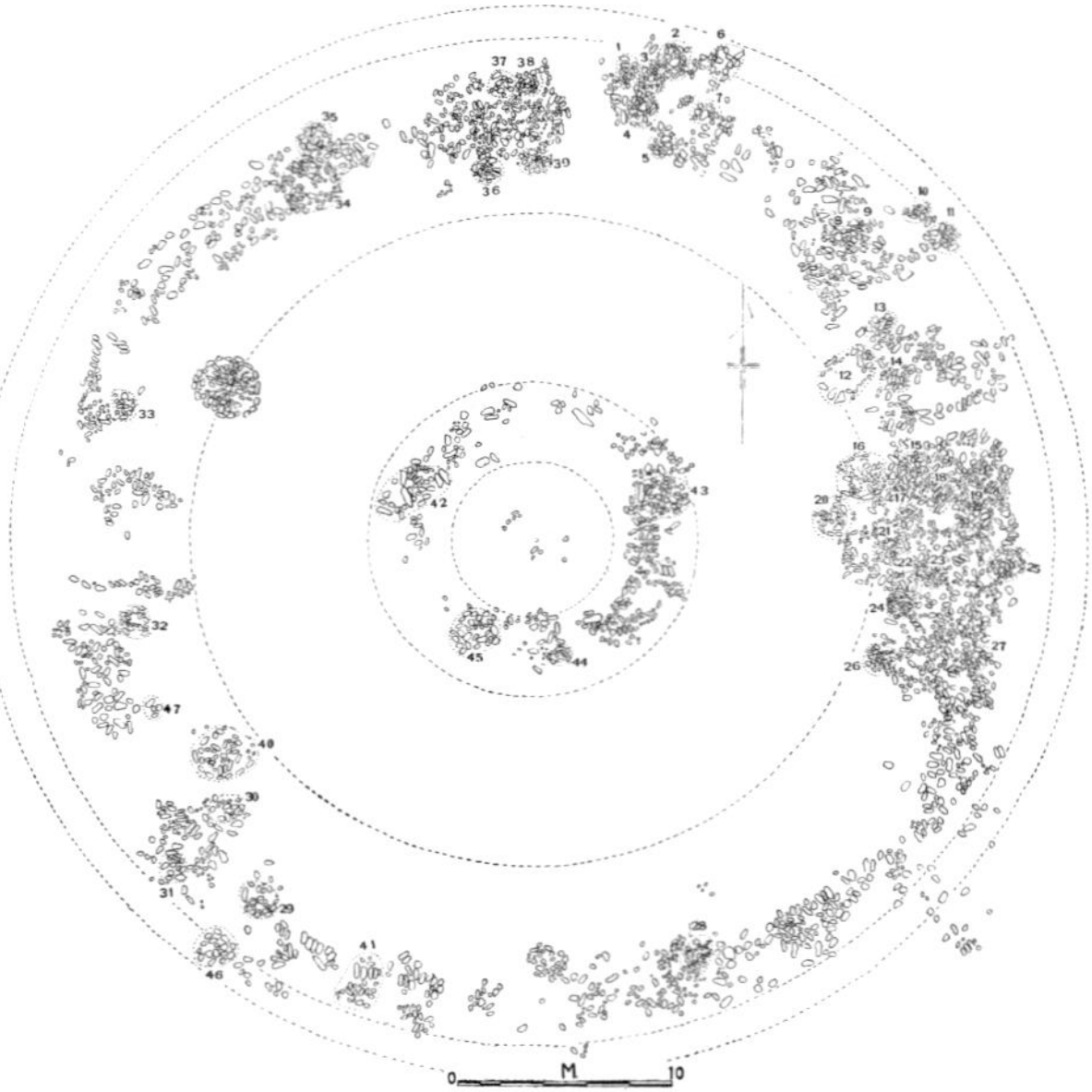

万座遺跡の日時計組石は、サークルの中心から組石を結ぶラインが、N（北）より60度西の方である。つまり３０0度の方向を指している。（昭和二十六・二十七年大湯町環状列石遺跡発掘調査報告書）ところが野中堂遺跡は、若干違っており、Nより57度（３０３度）の方向である。

　両者の日時計組石のもう一つの違いは、万座遺跡は外側組石に近く設置されているが、野中堂は逆に、内側組石に近く設置されている。また、万座遺跡は日時計組石とサー

野中堂遺跡全体図

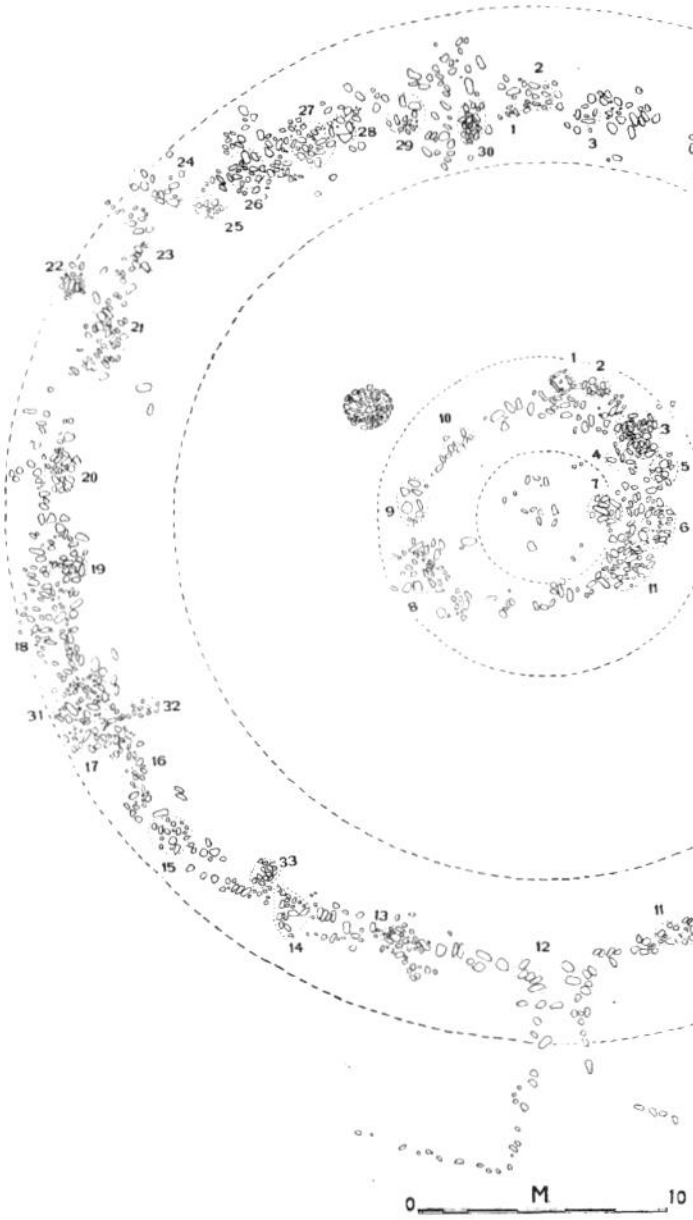

クルの中心からの距離が16メートルであるのに対し、野中堂遺跡は、8・6メートル（もしかしたら9メートルであったかもしれない）である。

日時計組石のサークルの中心からの距離については後述するとして、まず角度のについて述べたい。サークルの中心から、万座遺跡の日時計組石を結ぶラインを延長してゆくと、地図上では300度の方向となり、大館市にある男神山・女神山を結ぶラインと一致する。このラインをはじめに発見したのは、以前、男神山と女神山を調査したときである。田代岳と女神山を結ぶラインをさらに延長してみたら、なんと大湯ストーンサークルに達したのだ。

それ以来、この三者の間には何か関連があるのではないかと思っていたが、図らずも万座遺跡の日時計組石の方向が、女神山の方向だったので、その謎の一つが解けた。前にも述べたように、男神山・女神山とストーンサークルとの距離は、4・5キロメートルの倍数になっていた。男神山と女神山を対の山と考えて、この両者間の距離約770メートルの中間地点で考えると、約22・4キロメートルとなり、4・5キロメートルの4・98倍となる。つまり、方向だけでなく、距離的にも関連があることがわかったのである。

一方、野中堂遺跡の日時計組石であるが、サークルの中心から組石を結ぶラインは、北より57度西の方（303度）であり、女神山のラインとは一致しない。しかしこの3度の違いには、また別の意味があった。

このラインを伸ばしてゆくと、驚くことに万座遺跡のサークルの中心にピタリ到達するのである。このことにより、万座遺跡と野中堂遺跡が別個のものではなく、二つの装置（ここまでくれば装置と呼んだ方がよいようである）は相互に関連したものであったと考えざるを得ない。二つで一つの装置かもしれないのである。

このように二つの遺跡の組石には興味深いデータが隠されているようであるが、残念なことに組石の大半が無くなっており、これを解明する手掛かりが非常に乏しい。ここに集約されていたと思われる潜象エネルギーについては、そのラインがほぼわかったが、遺跡そのものについては、さらに調べる必要があると考えている。

黒又山へ登る

この後、しばらくしてから鹿角市へ出かけることにした。それは、だいぶ古い『歴史読本』（一九九二年九月号）に「大湯環状列石」（秋元信夫氏著）が掲載されていたのを読んだからである。著者は鹿角市教育委員会主任となっていたので、市役所を訪ねた。

市役所の組織が改正になっており、同氏は現在、生涯学習課で文化史跡整備担当主査をされていた。面会して『歴史読本』の話をし、この文を書かれたときの参考資料について質問したところ、『よねしろ考古学』（第六号）の関連部分をコピーしてくださった。また、列石の石の重量などは、史跡の石を量るわけにいかなかったので、同質の石の大きさと重量を量り、比較推定したことなどを話していただいた。

それから黒又山へ向かった。今回はこの山に登ってみた。以前T氏と来て以来、久しぶりに登ることになった。前回同様、山頂は木立に囲まれて、周囲がよく見えない状態であり、ここで潜象エネルギーを視てみたが、今ひとつ明るくは視えなかった。周囲が

黒又山頂上の本宮神社社殿

木々で囲まれているため暗く、そのため各方面から潜象エネルギーが来ていることは確認できたが、光の明るさの点では今ひとつで、視えた方向は、次のとおりである。

２７８〜２８０度方向（磁石補正マイナス7度３０分）

１４０〜１４８度

94度

40度

３３２度

３２４度

２３２度

１８４度

頂上の社の前が平らな空き地になっており、そこに、表面が砂に埋もれていたが、小さな石でできているストーンサークルらしきものがあった。

註　大湯ホテルの諏訪善綱氏によると、昔のお堂は現在のものよりも、小さかったようである。

ちょっと一休み

大湯温泉紀行

ストーンサークルの石が採れた安久谷川が大湯で大湯川と名前を変える。ここには滝が三つあり、三つ目の滝「止め滝」は見る価値がある。

十和田湖から103号線のそばにあるのですぐ見られるが、防護柵が充分でないため、身を乗り出さないようにしよう。

大湯温泉の近くの毛馬内《けまない》では、黒紋付を着て顔を手拭いで隠して踊るという一風変わった盆踊りがある。大太鼓の響きと篝火の中に浮き上がる踊り手で、なんともいえない雰囲気を醸し出している。この盆踊りは、西馬音内《にしもない》の派手やかな盆踊りとは対照的である。

私は大湯温泉の大湯ホテルに泊まり、ここの湯に浸かった。少し熱かったものの、湯上がり後に汗が噴き出すこともなく、体中がほかほかして、気持ちよく眠れ、翌朝、旅の疲れもどこかに消えていた。また入りたい湯である。

また、ここは鹿角りんごの産地で、「つがる」はたいへん甘く、木村果樹園をはじめ多くのりんご園がある。

頂上での調査は今ひとつだったが、山を下り、登り口にある本宮神社の鳥居のそばにある猿田彦命の石碑が気になり、近くに寄って潜象エネルギーを視たら、赤オレンジ色の強い光が視えた。

その後、この山の登り口のある方とは反対側へ回り、山を視ると、最初に非常に明るい紫色（赤紫色）が、幾層にも重なって漂っているのが視え、次いで黄色の立ち上がるエネルギーに変わった。この中には、濃いオレンジ色も混じり、さらに淡いピンク系紫色が少し加わった。前回もそうであったが、この山の潜象エネルギーを視るには、山全体がよく見える場所からの方がよいようである。

黒又山登山口の本宮神社の鳥居と猿田彦の石碑

ストーンサークルにて

黒又山の調査が終わったので、次にストーンサークルへ向かった。ここに着いたときには、すでに午後4時40分になっており、潜象エネルギーもだいぶ小さくなってきていた。ここで潜象エネルギーを視るのは、初めてである。万座遺跡は整備されすぎていて、昔の趣とは違ったのだが、とにかく視てみた。列石の中心部で視るべきであるが、中へは入れないので、柵の外側で視た。中心部で視るのとは多少異なるかもしれないが、潜象エネルギーが視えた方向は次のとおりである。

３２０／３３０度（マイナス7度30分）　　赤紫色とオレンジ色が視えた。

３４５／３５０度

30度

5～10度

あとで、地図上で線を引いてみたら、手前の方の黒森のほかに、岩木山、八甲田山、及び、十和田湖の方向からと思われる潜象光が視えていたことがわかった。調査が夕方になってしまい、光量は落ちていたが、潜象光は視えていた。

サークル内の立石（日時計風の組石の一つ）が、ちょうど黒又山と重なって見える場所があったが、残念なことにこの位置から視たときには、万座遺跡の組石のサークルの中心が少し左にずれていた。組石の［サークルの中心―別の日時計風組石―黒又山］という組み合わせがあったのかもしれない。あるいは、野中堂遺跡からは、また別の見方ができるかもしれないが、ここは以前木立の中で、黒又山の方向は見えなかった。しかし、最近は木々が切られており、万座遺跡同様、黒又山も含めて、周辺が全部見渡せるようになった。（口絵参照）

この日の宿は大湯ホテルにした。前回、訪問したときのご主人は、前年亡くなられたとかで、この方のお父さん（諏訪善綱氏）と面談した。同氏は鉱山学科を卒業後、鉱山関係の仕事をされたそうだが、学生のころ、ドコノ森で、ペトログリフを発見されたとのことであった。それが今も同ホテルにあったので、見せていただいた。非常にはっきりとした岩刻文字で貴重な資料である。

また同氏によると、昔、鹿角盆地は浅い湖だったが、そこに十和田火山の噴火で火山灰が堆積したのではないかという話があるとのことだ。その後、碇ヶ関、男神山、女神山付近に水路ができ、水が引いたそうだ。ここでも十和田湖にまつわる八の太郎伝説の話が出た。

ドコノ森で発見されたペトログリフ

十和田湖にて

翌日、十和田湖の調査に向かった。湖に入る手前の紫明亭展望台で潜象エネルギーの状態を視てみた。結果は次のとおりである。

40度の方向　中湖を通り、御倉山方向
（磁方位補正マイナス8度）
60度　大母屋の方向（もや山と同じ意味と思われる）、濃い赤とオレンジ色
74度　戸来岳（三ツ岳）の方向、赤紫色
320度〜25度　黒森、八甲田山
N方向、一番明るい赤色とオレンジ色、紫色も強い。
20度　高田大岳、この方向特に黄色、オレンジ色の強い光

紫明亭よりの十和田湖

が漂っていた。立ち上がるエネルギーも同じ色だが、濃い色である。ピンク系紫色が時々混じる。

湖の左側から右岸の十和利山まで、全面に濃い漂うエネルギーが見えた。色は上記に同じ。立ち上がるエネルギーもほぼ連続して続いている。

その後、湖畔に降りて休屋に着いた。ここから遊覧船に乗る予定なのである。かつての十和田湖山を想像したとき、私はこの湖の中に立ってみたくなった。この湖は何度も訪れているが、遊覧船に乗りたいとは一度も思わなかった。しかし、今回は是非乗りたいと思ったのである。

船が湖畔を離れ、湖の中に進んできたので、しばらく湖面を眺めてみた。それから目を閉じて、潜象エネルギーが出ているかどうか視てみた。すると全面に赤色、オレンジ色、そして紫色が視えた。所々、湖の中から弱いが立ち上がる潜象エネルギーも視えた。

遊覧船がUターンする付近に小倉山がある。この山は、十和田火山が最後に溶岩を噴出してできた山であるとの船内放送があった。この山からは全体的に赤オレンジ色の潜象エネルギーが強く出ていた。立ち上がるエネルギーも同様である。珍しいことに、部分的にとても鮮やかで綺麗な緑色が視界の上にまとまって視えた。その周りはオレンジ色である。立ち上がるエネルギーの中にも一部緑色が視えた。これも珍しいことである。

ちょっと一休み

十和田湖

十和田湖の遊覧船、奥入瀬渓谷めぐりを楽しんだら、湖畔で一休み、または休屋に一泊して、早朝の朝日に映える湖面と山々を見ながらの散歩もよいものである。以前訪れたときは、「湖畔の乙女」像の裏手の森にある十和田神社（祭神日本武尊）の拝殿に、青龍権現になった南祖之坊に因んだ鉄の草鞋が奉納されていた。

湖の反対側に回ると、きれいな小石のある浜がある。湖面の上空には三沢から飛び立つ米軍の飛行機雲が見え、それを見ていると、時間の経つのも忘れる。

ここの名物「にじますの甘露煮」（信州屋）は、ほどよい甘みで私は好きである。この店の展望レストランで食べることもできる。

休屋に宿を取るときには、湖の見える部屋に泊まることをおすすめする。湖を見ながら、そこが太古大きな山であったと想像するのも楽しいかと思う。

展望台から見渡したいという人には、紫明亭展望台が穴場で、自然のなかで、休屋、御倉山を眺められる。

以前、猿倉温泉で高田大岳を視たとき、緑色が少し視えたが、今回は、そのときの四～五倍大きかった。また、このあたりの観湖台の方向にも、鮮やかな緑色が上に少し視えた。

船で十和田湖を回りながら、この湖がかつて大きな火山であったと思うと、太古が偲ばれる。湖面を視て、潜象エネルギーが出ていることがわかり、なんとなく嬉しくなった。

この日はよく晴れていたが、空には幾條もの飛行機雲が、交差して現れていた。三沢基地あたりの自衛隊のジェット機の訓練でもあったようである。それを見て、後に出てくる「八の太郎と南祖之坊」の伝説を思い出した。

大物忌神社吹浦《ふくら》口之宮と湯殿山

今回の調査の終わりに、鳥海山へ回ってみた。胆沢町の方から山越えして通り抜けるつもりであったが、途中に道路が交通止めになっており、やむなく北の方から大回りとなった。どうも土砂崩れ対策でもしている様子で、残念だった。

数時間遅れで象潟に着いたので、栗山池の畔にある馴染みの珈琲屋さんは終わりだと思っていたが、その日に限って、マスターが、仕事の都合で店に立ち戻ってこられたところだった。いつものことながら山の神の配慮である。有難いことである。ここのマスター・熊谷正氏のいれる珈琲は美味しいので、鳥海山に来たときには、立ち寄り、彼の煎ったコーヒー豆を東京に持って帰るのが常である。

翌朝、再度この珈琲屋さんに立ち寄った。店の前の池で、鳥海山に向かって目を閉じると、山頂の方向と、その方向から10度ほどのところの二ヵ所に、オレンジ色の立ち上がるエネルギーの中に黄色（金色と言ってもよい）の光条が視えた。

それから鳥海山大物忌神社吹浦口之宮に立ち寄った。石段をだいぶ登ったところに拝殿があるが、そこで腰を落とし、背を低くして、拝殿から鳥海山を視る形で目を閉じた。拝殿の中は薄暗かったが、視界の下方の三分の一ぐらいのところまで、青色のうねった雲のような光がわき上がってきた。このとき上の方は薄暗い中に黄色が視えていた。これまで、青い潜象光は視えたことがなかったので、少し驚いた。青い雲でなければ青龍ということになるが、そこまでの判断はつかなかった。

「潜象エネルギー流・潜象光」の章に、可視光線と潜象光の波長の比較表を掲載しているが、これまで私が視てきた潜象光の中で、なぜか青色だけは出てこなかった。今回、吹浦口之宮で初めて現れた光である。ただし、この青い光は、立ち上がるような強い潜象光としては現れていない。

いずれにしても青色が視えたということは、潜象光もやはり、顕象界の太陽光線と同じように、七色あることになる。つまり、潜象光の領域にも、太陽光線のスペクトラムと同様に、赤、橙、黄、緑、青、藍、紫の色に相当する波長の光の帯域があることを確認することができた。

羽黒山と湯殿山にも立ち寄り、著書をお渡ししたが、湯殿山ではご神体石が前回よりも大きく見えた。そして、例の場所に立ち、目を閉じると、漂う潜象エネルギーは以前

鳥海山と水芭蕉

とほぼ同様であったが、両側から流れ落ちるエネルギーや、下から噴出する金色のエネルギーは視えなかった。しかし、しばらくすると、下の方からは明るい黄色が一面にあふれるように視えてきて、その中に、下方から細い金線がいくつもいくつも噴出してきた。この噴出は数秒おきに何回も何回も繰り返し続いた。

このように、前回と同じ場所に立ってみても、日時、条件が違ってくると、必ずしも、同じ潜象光が視えるとは限らないのである。

噴出する数十本の金色の潜象エネルギーの規模は、前回視た火山の噴火光のような光とは異なるが、繰り返し視えたので、やはり、きわめて強い潜象エネルギー場であることが再確認できたのである。

本題と少し異質であるこの項を追加したのは、潜象光のスペクトラムが可視光線と同じであることがわかったからだ。また、私が潜象光を視るきっかけとなった湯殿山について、この本を読まれる方にも知っていただきたかったからである。

ちょっと一休み

鳥海山

　鳥海山は、山形県の山ということになっているが、秋田側の鳥海山もなかなかのものである。ＪＲ羽越本線の「象潟」「仁賀保」「西目」「本庄」などから、色々なアプローチができる。ちなみに、象潟からは元滝、奈曽の白滝、蚶《かん》満寺（芭蕉の句で有名）、栗山湖畔からの鳥海山などの景色が楽しめる。ここにあるくりりんハウスでは、美味しい珈琲とケーキで一休みできる。また、象潟の道の駅には温泉があり、トイレはお湯が使える。

　仁賀保高原よりの鳥海山は、牧場が多く、日本海の夕日もここから見ると新鮮だ。このあたりの海辺はどこも夕日ポイントで、ロマンチックな場所である。

　矢島町の花立高原には、リーズナブルな宿泊料と、親切さで定評のある宿「ユースプラトー」がある。車の場合、ここから鳥海町の祓川まで行き、そこに広がる竜ヶ原湿原や、登山道を少し登ったりして、登山気分を味わうことができる。ここ祓川は、駐車場が整備されており、トイレも完備されている。

ストーンサークルに関わる調査資料

S氏からおもしろい本を見つけましたといって、『日本・ユダヤ封印の古代史』（ラビ・マーヴィン・トケイヤー著、久保有政訳、徳間書店）と、『日本超古代文明のすべて』（佐治芳彦他、日本文芸社）の二冊の本を見せていただいた。

前者はユダヤ教ラビによるもので、ユダヤ人と古代日本人との繋がりについて記されており、説得力がある。どちらが大本か（どちらが先か）という議論を抜いて考えると、十分納得のゆく説明がされていた。テーマが多岐にわたっているので、幾分皮相的なところもあるが、東北の山を調べている私にとっては、興味深く読める本であった。

現在私が調べているのは、キリスト生誕前後ではなく、それよりも遙か昔のことである。だからこの本と直接結びつくことはないが、この先、何か繋がりが出てくるかもしれない。昔、米国に住んでいたころ、隣にユダヤ系の老婦人が住んでおられ、親しくさせていただいたことがある。だから、まんざらユダヤとの繋がりがないわけでもない。

（S氏の叔父さんは、このようなことを調べておられたそうである。資料の散失が惜しまれる）

後者は、現在私が調べている山や遺跡、神社に関わるテーマを扱っているもので、おおよそ承知しているものであったが、中には新しい事柄もあって、今後の調査の参考になると思えた。

この本には、ストーンサークルや黒又山のことも取り上げられていた。日本の超古代遺跡とかピラミッドの話になれば、必ずと言ってよいほど取り上げられるものなので、当然といえる。私が知らなかったこともいくつか書かれてあった。以前、T氏とこのあたりを調査してから、前回訪れるまでは、このテーマから私は手を引いていたのである。

特にストーンサークル周辺が綺麗になりすぎてからは、一般向きにはなったのであろうが、木々の間にある遺跡の方が、ずっとその雰囲気が漂っていたので、私は、足が進まなかったのである。したがって、黒又山の潜象エネルギーを視たとき、「この山まだ生きている」と思わず言ったが、ストーンサークルの方はなんとなく敬遠した形で、ここで潜象エネルギーの状態を調査することはなかった。

このような状態で、周囲の黒森や大森の潜象エネルギーの調査を行ったが、黒森のエネルギーの流れを調べていくうちに、結局はストーンサークルと結びつく形になっていった。そして、さらにストーンサークルに私の注意を引くものが現れたのである。

この本には、次のようなことが記されている。

まず、大湯環状列石であるが、ここの地層の状態を地中レーダで調査した結果、昔は地層的に万座遺跡周辺が湖面に浮かぶ島のようになっていたようだ。しかし、現在は堆積物が積み重なって、それがわからなくなっていると説明してあった。

これとはまったく別に、文化財保護委員会が行った昭和二十六・二十七年の発掘調査の際、同時に地質調査も行われ、その結果が記録されている。(後述)

さらに、万座遺跡の内帯組石の状態が正六角形をなしており、東西を指す角の頂点から、外側真西に向かって、一本の直線ベルトが伸びているのが確認されたとして、その写真が掲載されていた。この図形はナスカの地上絵と同じで、空中撮影だから発見できたようである。

黒又山については、階段式に人工的な構造物が埋まっており、麓から山頂に至る間、およそ七段から十段のテラス状遺構が築かれ、だんだんとせり上がっていく形になっているとのことである。テラス張り出し部の幅は平均10メートル、麓に近づくにつれて高くなる。しかも山頂部の地下深く、およそ10メートルのところで「謎の地下空間」が発見されている。南、西、北の三方を固い壁状の構造物によって囲まれ、東に出入り口がある箱形の空間である。一辺の長さは約10メートルと記されている。また、この石室の軸線は、春分、秋分の日の出・日の入り点を結ぶ東西線より、時計の反対回りに約24～25度傾いているとあった。

この本の環状列石は、平成五年に調査されたとあり、黒又山の調査年は記されていないが、ほぼ、同時期であろうから、これはだいぶ前に出版されているはずである。

先にも述べたが、大湯ホテルの諏訪善綱氏の話では、八の太郎の伝説のように、昔は鹿角盆地は浅い湖であったそうである。ストーンサークルはその上を覆っていた火山灰質の表土の下から発掘されているので、一般的には、この湖の下に沈んでから火山灰が降ってきたと考えられる。

昭和二十六・二十七年の文化財保護委員会の発掘調査報告書のうち、「地学より見たる大湯環状列石、第四節大湯列石時代の地理学的環境」の項に、このあたりに関して、「大湯浮石層（上位火山灰層）がいつ生成したかについては、さらに詳しい調査を必要とする」とあり、あまり明確ではない。ただ、火山灰については、森吉山とか黒森のものというより、十和田火山の水中噴火のものである可能性を示唆している。

ストーンサークルが地表に出ているときに、火山灰が降ってきたか、あるいはすでに水中に沈んでから噴火で灰が降ってきて、堆積したかについてはよくわからない。いずれにしても、湖の水が引いて盆地が出現したときには、この遺跡は地中に埋もれていたのである。昭和二十六・二十七年の地質調査では、この付近は、河床面よりも約30メートルほど高台になっていたとされている。これは、諏訪富多氏などの要請によってなされた、専門家による大湯環状列石の発掘調査報告書であり、以下に掲げるものはその一部である。

地学より見たる大湯環状列石

第四節大湯列石時代の地理学的環境

大湯列石人が活動した時代は「列石違物含有黒土」の時代、即ち上下位火山灰層の期間さらに換言すれば下位火山灰層が堆積して第二段丘面が出来、これに植物が生育し、土壌ができた後から始まり、大湯浮石層（上位火山灰層）を降灰生成した火山活動まで続いた。（中略）

（1）当時の河床面は現在の位置よりも少しく高い場合、即ち大湯浮石層降下直前の水準面は現在の第三段丘面にあり、遺跡は河原に三十メートル内外の崖をもって望む高台上に築かれた。この台地面は、もっとも広く発達しており、かつては対岸とともに扁平な扇状地として形成されたもので、毛馬内盆地の各処から明瞭に望見されるし、この面上よりの眺望もよい。しかしながら、遺物含有黒土即ち当時の表土とその下位の下位火山灰層は共に透水性低く、当時は湿潤であったと考えられるにせよ飲料水は充分でなく、当時においても、豬水位外には段丘斜面を昇降して、飲水を求めねばならなかったに違いない。現在第二段丘中・下位両面の境界付近に横井戸があり、地下水面が第二段丘中位面下数メートルの深さにあることを示している。しかもこの台地は冬季には北西季節風をまともに受け、積雪も少ないこの場所は、人間の生活環境としてはほかよりもすぐれた条件を持っていたとは考えられない。段丘面と河礫のあった位置との間に三十メートルもの高度差を考えるならば、当時何の目的を以てかかる巨礫を多数運んだかはわからないが、段丘斜面の急差を上下して重い石をたびたび持ち運んだことは、異常の熱心さであったというべきである。

（2）当時の河床位置は現在よりも遙かに高かった場合、旧水準は恐らく第二段丘下位面付近にあり、遺跡はほぼ河岸の低い（五〜十メートル）段丘面上に築かれていた。大湯川の河原は現在よりも遙かに狭く、すぐ対岸にも同じ段丘面が続いて、その背後は北方の丘陵地に付着し、段丘上にはいくつかの小川が流れていた。段丘面とはいえ、いわば盆地底の広い平地であり、その末端は現在の平元・曲谷付近で湖水に面していたものであろう。このような環境は、縄文人の好んで居住したもののように思えるが、彼等は湖畔あるいは河畔の便利な部分に部落を構え、段丘面の一部に列石を築いたものであろう。その後降灰によって、彼等がこの地を捨てた後、大湯川その他の河川はさらに深く下刻し、広く側蝕して、段丘を現在のような高台と化し、かつその面積を縮小すると共に居住遺跡の多数を削り去ったものである。

以上の二つの想定は、後者は火山活動が地形発達過程のX段階において起こった場合であり、前者は同じくY段階に生じたときである。度々記したように果たしてそのいずれが正しいかは地理学的には第三段丘の調査を充分に行って、そこに認められる浮石層の成因を明確にすることによって決定できる。

概括的な地理学的解釈ではX降灰、（2）環境に傾きたいが、資料不備の現在ではこの問題についてはしばらく両想定を試みて将来の宿題としておく。

それはさておき、この段丘面は当時既に相当厚く黒色表土に覆われていたことは事実であるが、その上には大した森林はなく、恐らく草原ないしは散樹草原が広がっていたと考えられる。（中略）

第五節火山灰、特に大湯浮石の噴出源

この地方一円を覆って分布する上下二種の火山灰層、即ち下位火山灰層と大湯浮石層とが何時如何なる火山より噴出したものであるかは、純地学的観点からも興味ある課題である。しかしながらこの地方のように類似した火山が多く、また同一火山から異なった岩質の噴出物が見られる場合にはきわめて困難である。（中略）
その噴出源は比較的近くにあり、かつ概略北方に求められるべきことなどが考えられる。これらに基づいて北方に調査範囲を拡大した結果、火山灰源として、（1）黒森トロイデ火山、（2）十和田火山の二つが推定された。而して結論的には十和田火山の「中の湖」火口湖の湖底噴火によるものではないかという考えが浮き上がってきた。（以下略）

この箇所はきわめて大切なので、多少長くなったが原文を読んでいただいた方がよいと考えた。このように調べてゆくと、ストーンサークルと十和田湖山、及び周辺の黒森や大森山等との関連性が高いことがよくわかる。

黒又山山頂地下の石室の存在は、私の注意をひいた。ギゼのピラミッドによく似ていたからである。具体的な石室の内容は、まだ明らかになっていないようだが、石室の存在がわかっただけでも重要なことである。

この記事には、石室の方向が示されていたので、試みに地図上でラインを引いてみた。するとそのラインは、十和田湖の南にある大黒森（k—6）を通ることがわかった。そして黒又山と大黒森との間の距離は、21・5キロメートルであり、これは4・5キロメートルの4・8倍になっていた。これは、両者が潜象エネルギー的に多少関連があることを示しているのである。田代森は、黒又山との距離が13・8キロメートルであり、4・5キロメートルの倍数に近いことから、関連があると考えられる。また、十和田湖山との距離が4・5キロメートルの倍数にはなっていないが、十和田湖山の近くにあるため、その影響はかなりあったものと思われる。さらに、八甲田山との距離は4・5キロメートルの倍数になっており、こちらからの潜象エネルギーはよく受けていたようである。ただ、後で述べるが、この両者については、エネルギーの送信（送電）元は黒又山の可能性もあるのだ。

黒又山についても、岩木山や周辺の黒森などと密接に関連していることがわかってきた。ところが肝心のストーンサークルと黒又山との関係については、今ひとつはっきりしないのである。この両者は、きっかり2キロメートルの距離にある。黒又山が人工の山であるとすれば、ストーンサークルとの間に何か密接な関係がなければならない。野中堂遺跡では、電波で行う周波数変換に相当するものか、または波長変換が行われてい

八甲田ロープウェー頂上駅より見た岩木山

たのではないかという考え方もできる。

しかし、ストーンサークルの主たる潜象エネルギー源は、十和田湖山と八甲田山で、黒又山は岩木山であるとしても、この二つをどのように結びつけているのかが、浮き上がってこないのである。

黒又山がストーンサークルに対して、直接的なエネルギーの授受がないとすれば、何のために存在しているのであろうか。

これに対する答えはまだない。考えられることの一つは、潜象エネルギー界のフィールド条件を作っているためということである。つまり、この一帯のエネルギーフィールドを高エネルギー場にしておくためである。そのような条件下で、ストーンサークルに潜象エネルギーを集約して、何らかの動力源を駆動していたと考えることも可能である。もしそうでなければ、黒又山で集めたエネルギーを直接ストーンサークルへ送り込むためのものということになる。

註　逆に、ストーンサークルで生成された、潜象エネルギーの送エネルギー（送電と同じ機能）の施設であったとも考えられる。このことについては、後述することにする。

前者の考え方は、このあたり一帯を高エネルギー場とすることで、人工的にイヤシロチ化するということである。これは、動力源としての潜象エネルギーを集めることとは別に、周辺に住む人たちにとって役に立つことなのである。イヤシロチにはよく植物が生育し、そこに棲む人たちにとっても、よい影響を与えるのである。

カタカムナの楢崎氏が、旧満州で鉄精錬の際、良質の製品とそうでないものができるのは、工場の位置に関与していたことが判明したと言っておられる。これは本当であろうと思う。日本でも、神域と言われる神社の境内では、清々しい気分になれることは誰しも経験することである。また楢崎氏はケカレチ（気枯れ地）のイヤシロチ化の手段として、正三角形の頂点に当たる地中に、炭を埋めるということを考えついておられる。

男神山と女神山

ストーンサークルの調査に関連して、男神山と女神山が出てきた。前述のとおり、この二山は大館市にあり、隣り合っているペアの山である。この山のことを知ったのは、岩木山について調べていたころである。地図上で位置を確かめてみたら、たしかに男神山は３４２メートル、女神山は２８１メートルで隣り合っている山であった。この二山を直線で結び、それを北西の方向へ延長してみると、標高１１７８メートルの田代岳に到達する。このことに私は興味を持った。「田代」という名前はイヤシロから来ており、潜象エネルギー的に意味のある名前であるからだ。この田代岳は、岩木山の南側白神山地に隣接する田代岳県立自然公園内の山である。

角館まで新幹線で行き、大館市へ向かった。大館市の市街地を抜け北上し、白沢というところに着いた。そこに男神山と女神山があるのである。

ここに着いたときには夕方近くなっていたので、潜象光を視るには条件的に少し厳し

女神山（左）と男神山（右）

かったが、女神山の手前に小高い丘があり、そこに神社が二つあるとのことで、これから調べることにした。この丘の東側を小川が流れており、そのそばを幅1メートルほどの農道が丘を巻いていたので、そちらへ少し歩いてみた。しかし、こちら側から丘へ登る道はなさそうだったので、元へ戻り、西側へ行ってみた。すると頂上に向かって石段があり、そこを登っていった。頂上には神明社という社と、その左奥にこれよりだいぶ小さい山神社の社があった。神明社の社殿の前で潜象光を視たら、磁石で160度の方向に明るい光が視えた。また、その反対方向も同じように視えた。

山神社の右手前にある木の切り株のところで視て欲しいとのことだったので、切り株の上に立ち、目を閉じた。ここで視ると、目の周り一帯にすごく綺麗な紫色が漂っており、やや上の方はオレンジ色であった。立ち上がる潜象光にも紫色が多く、それにオレンジ色の強い光が加わって視えた。方向は、磁石で300度の方向であった。約160度の方向にも、紫色が強かったが、立ち上がるエネルギーはオレンジ色だった。この丘は本来、山神社の位置が主体だったようである。

丘を降り、この西側を通っている道へ出て、ほぼ山神社の真横に当たる道路上で、西北に見える男神山と女神山の状態を視てみた。まず、男神山を視ると、非常に明るいオレンジ色が漂っており、立ち上がる潜象エネルギーもほぼ同様であった。女神山も、ほぼ同様に視えたが、男神山と比べると、幾分弱いようだった。
この後、少し北へ行ったところに駐車場があったので、そこでもう一度視ることにした。このときすでに午後4時40分になっていた。ここの緯度・経度は、N40度21分12秒、E１４０度36分06秒である。立ち上がる潜象光は、２４０度の方向に濃い紫色、１６０～１６５度の方向、及び３３０度の方向に明るいオレンジ色と紫色とが視えた。また、３００度の方向にも紫色が視えた。２６０度の方向には非常に強い紫色と赤色とが重なって視え、２００度～３３０度の方向には、紫色とオレンジ色との漂う潜象光が視えた。またこれと反対方向には、明るい黄色の潜象光が漂っていた。

註　あとで、磁方位修正を行って、地図上で調べたら、２４０度の方向は、茂屋方山の若干南側を通り、１６０度～１６５度の方向には、高森、鳳凰山を経て、八幡平があり、その先には大白森、大松倉山がある。岩手山はこのラインの少し左側にある。３００度の方向には大黒森（k―10）がある。

それから、男神山と女神山とがちょうど重なる場所を探して車を動かした。N40度21分07秒、E１４０度36分08秒の位置でこの二山が重なり、磁石で３００度の方向であった。ここで、明るい紫色とオレンジ色とが重なった立ち上がる強い潜象光が視えた。中央部がオレンジ色で、周囲に漂うものは、オレンジ色と紫色とが縞模様になり、幾層にも重なっていた。

午後5時を過ぎていたが、さらに男神山が西に見える線路側まで行った。横に漂うものは、穏やかなやや淡い黄色であった。この位置から女神山を視たら、同じような色で、さらにやや弱い感じだった。この二山の右手奥にある山からは、最初濃い紫色が漂っていたが、上の方は黄色に変わっていった。立ち上がるものは黄色が主体であった。

註　このときは以上で調査を終了したが、別の機会に再度ここを訪れたことがある。そのときは、これとは別の方向から潜象光を視たのだが、やはり相当に強い光を出していた。また、この二山のちょうど中間に当たるところにも出かけてみたが、そこで非常に残念な光景が目に入った。女神山の山肌が、無惨にも半分近く削り取られていたのだ。この状態は国道の方からは全然わからないが、裏側へ回ってみて初めてわかった。唖然としたが多分採石のためなのだろう。山が泣いているように思えた。

ちょっと一休み

きりたんぽと比内鶏

秋田の名物に、きりたんぽと比内鶏があるが、大館はきりたんぽ発祥の地だそうだ。

市内には「昔ながらのきりたんぽ」という名の店がある。比内鶏と天然の舞茸の入ったきりたんぽ鍋が売り物である。

この店は天然舞茸がなくなると、店を閉め、翌冬また店を開けるとのあるじの言葉に、昔気質を感じた。

比内鶏専門の店は、この店から少し行ったところにある。この「秋田比内や」は、鍋、揚げ物、焼き鳥、丼など、あらゆる鶏料理が揃っている。比内鶏の美味しさに、あれもこれもと注文してしまう店である。

また、雪沢温泉の「大雪」は、家庭的なもてなしの宿だ。ここには、主人自慢の具沢山のきりたんぽがあり、宅急便で送ってもくれる。

ここ大館に来て、きりたんぽは煮くずれないということを初めて知り、その美味しさをあらためて認識した。

近くには大滝温泉もあり、窓から米代川を眺め、鮎、比内鶏の料理を味わうのもよいかと思う。

八甲田山にて

北国の春はなかなか訪れてこない。もう雪も溶けていることと思い、青森県に来てみた。里の方はそろそろリンゴの花も咲きかけていたが、少し山の方へ行くと、まだ雪が深いころであった。

岩木山から八甲田山へ向かい、まず睡蓮沼に着いた。睡蓮沼からは高田大岳がよく見える。特に紅葉の時期は見事である。今回の旅では、残念ながら睡蓮沼がまだ雪に覆われたままで、景色は雪原といったところであったが、山の方はよく見えた。

潜象光もよく視えたが、折悪しく賑やかな人たちが到着して、あたりが騒がしくなったので、私たちは引き上げることにした。

しばらく車を走らせてゆくと、猿倉温泉の看板が見えた。この温泉は１０３号線から少し下ったところにある。このあたりは、雪が深く、冬場は宿の屋根まで積雪があるそうである。この宿の前から後ろを振り向くと、手前に少し木々が見えるが、睡蓮沼からよりも均整のとれた高田大岳の山容がよく見えた。
ここで視た潜象光は、明るい黄色とオレンジ色であるが、立ち上がる潜象光も山が近いせいか、幅広く、明るく視えた。このほかに磁石で２８０度の方向に、同じ色の立ち上がる潜象光が視えたが、なぜか右上方に緑色が少し視えた。山の潜象光を視ていて、これまで緑色は出てこなかった。今回が初めてである。理由は不明である。１６０度の方向にも、黄色とオレンジ色が出ていた。３１０度の方向には、濃いオレンジ色にやや赤っぽい紫色が少し混じって視えた。

註　これは、十和田湖上で遊覧船から潜象光を視たときより、一年前の話である。あとで、地図上で磁石補正をして調べたら、約２８０度の方向には、岩木山があり、約１６０度の方向には戸来岳がある。さらに、３１０度の方向には、硫黄岳を経て梵珠山がある。

猿倉温泉の宿でコーヒーを飲んでから、谷地温泉の方へ回った。谷地温泉から３９４号線に入り、左側に二つの山頂が視える道路脇（N40度38分42秒、E１４０度50分52秒）で車を降りた。左の山（高田大岳）からは、赤っぽいオレンジ色に紫色が少し混じって視えた。右の山（雛岳）からも同じような色が視えたが、やや弱い感じであった。ここでは、２１５度の方向に、紫主体の色にオレンジ色の立ち上がる潜象光が視えた。また濃い紫色が一面に漂っていて、それにオレンジ色が加わった。

八甲田の山々の周りを半分ほど回ったところにある八甲田温泉で昼になり、簡単な食事をとった。ここには田代湿原があるが、この時期は雪があり、立ち寄れなかった。

このあたりは、雛岳、高田大岳、大岳など、八甲田の山々がいくつも見える景観のよいところである。潜象光は前に視えたものと同じであった。赤倉岳の方は、赤に近いオレンジ色で、非常に強い光であった。横に漂うものもこれに近い色で、それに黄色が入っていた。井戸岳は赤倉岳の色とほぼ同じであるが、黄色が強く、黄色主体にオレンジ色という感じだった。

大岳は井戸岳に近い色で、黄色っぽい色が強かったが、若干黄緑色の光が右上の方に流れていた。特定の山というわけではないが、磁石で１８０度～２００度の間には、濃いオレンジ色に赤紫が加わった色と、強い黄色の光が視えた。この方向に太陽があり、その影響もあると思うが、これまで述べたものよりも、強い光を感じた。

この後、さらに西の方へ回ると、八甲田ロープウエイのところへきた。岩木山のときとは異なり、この日は晴れていたので、風は強いが眺望が利くと思い、山頂まで登ることにした。ゴンドラの位置が高くなるにつれて視界が開け、八甲田山の裾野から遥か遠くまで眺められ、とても気持ちがよかった。ただし、気温は1度C、風速10メートルだったので、体感温度は零度以下であった。寒いことは寒かったが、この風のおかげで、前日の雲がほとんど取れて、これまで見ることのできなかった岩木山が、西の方にその全体を見せてくれた。ちょっと遠いので少しかすんではいたが、山全体を見られて、たいへん満足であった。

このロープウエイ山頂駅の近くから視た潜象エネルギーは、次のようなものであった。岩木山の見える西の方には、赤紫色、オレンジ色、黄色が混ざっており、全体としては赤っぽい感じで、かつ強い光であった。また立ち上がる潜象エネルギーは、黄色を主体にして、これにオレンジ色が加わっていた。

註　あとで調べたら、この両山の距離は、約45キロメートルであり、4・5キロメートルの10倍に当たる。つまり、岩木山と八甲田山とは、相互に潜象エネルギーのやりとりができる位置にあるのである。

磁石で290〜295度の方向には、非常に明るい紫色を主体にした光が漂っており、ときにオレンジ色に変化した。小さな三角山が見える３００～３０５度の方向には、黄色を主体にしたやや強い光が立ち上がっているのが視えた。15度近辺には紫色が漂っており、それにオレンジ色が加わっていた。

このときは、これで調査を終えたが、今回十和田湖山のことを調べ始めると、八甲田山が関連していることがわかり、以前調べたことをつけ加えることにした。

ストーンサークル・黒又山、謎の2キロメートル

これまで、ストーンサークルから潜象エネルギー的に関係のあると思われる森山や、三つの大きな山、十和田湖山・岩木山・八甲田山までの距離と、それが波動のピーク値（最大値）で、伝わっているかということについて検証してきた。同様に黒又山についても調べてきた。その結果、おおよそのところ、それぞれの大きな山から潜象エネルギーを受けており、また各黒森からも受けていたことがわかった。潜象エネルギーの波長が4・5キロメートルであれば、それがある程度立証されたといってもよいのではないかと思っている。

ところがストーンサークルと黒又山の二つに限ってみると、この二者の関係が今ひとつはっきりしない。観念的には、この二者は非常に密接な関係があると思えるが、なぜかと尋ねられたら、答えが出てこないのである。

潜象エネルギーの4・5キロメートルという波長を考えると、両者間の距離が2キロ

メートルというのは、関係のない距離である。もし、潜象エネルギーの波長が４・５キロメートルではなく、その九分の一の５００メートルであれば、２キロメートルも充分、条件を満足するので問題はない。以前から、４・５キロメートルもしくはその１／ｎかもしれないと思っていたから、ｎ＝９にすれば、ことは足りるのであるが、今のところ、私はこの値を無理に取り入れることはしないつもりである。

方向性については、ストーンサークルと黒又山のラインをそのまま延長していくと、十和田湖南の田代森に到達する。黒又山と田代森の距離は、13・８キロメートルで、これは４・５キロメートルの倍数（３・０５倍）に近いので、両者間にエネルギーの受け渡しがあったとしてもおかしくはない。しかしそれはストーンサークルには及ばないのである。

また、『日本超古代文明のすべて』に黒又山の石室の向きが、東から24～25度北に振れているとあるので、この方向を地図上で探してみると、大黒森（ｋ—６）の近くに至る。黒又山と大黒森との距離を測ると、21・５キロメートルで、４・５キロメートルの４・８倍になっている。この程度なら、大部分の潜象エネルギーが到達するが、黒又山を造ってまでとなると、距離的にはもう少しあった方がいいと思える。しかし、黒又山は田代森とも大黒森（ｋ—６）とも潜象エネルギー的には、関連していると言えるのである。

ところが、これにストーンサークルを加えると、これまでの理論では説明できなくなる。黒又山が人工のピラミッドであるならば、ストーンサークルと何か直接的な繋がりがなければならないが、それを見いだす手掛かりは、今のところ見当たらない。依然として、謎の2キロメートルのままである。

それにしても、黒又山山頂地下の石室は、非常に興味深い存在である。ギゼのピラミッドに石室があることはよく知られているが、それと似た話である。黒又山の石室の話を読んだとき、最初に私の脳裏にひらめいたのは、この石室は潜象エネルギーの蓄積か、あるいはその放射・電送に使われたのではないかということであった。その際、別の潜象エネルギーに変換する装置でもあったのではなかったかと考えるに至ったのは、そのようにして生成されたエネルギーを使うものがあったに違いないという発想からである。

これは、このような潜象エネルギーを用いた超古代文明があったことが前提である。その時代とは、考古学上の区分には現れてこない、遙か太古といわれる時代である。そして、現代文明の時代を遡ってもわからない、現代とは隔絶された文明の時代であったと思うのである。つまり、いくら考古学的に考えても推測しにくい時代なのである。

そのころ、そこに住んでいた人たちは、山の放つ潜象エネルギー（現代人がまだ知覚していない宇宙に充満しているエネルギー）を使って生活していたと思われる。ちょうど現代人が、ガス・電気・石油あるいは原子力を使用して生活しているのと同じようにである。

さて、この潜象エネルギーは、化石燃料や電気よりももっと人間の生活上有益であったろうと思われる。それは、単に動力源としてのエネルギーではなく、生活環境そのものを整えてくれるものであったからである。

前著でも述べたが、私が視る潜象エネルギー（潜象光）には、大きく分けると二種類あることを、皆さんお気づきであろう。漂う潜象光と立ち上がる潜象光である。

このほかにも、噴出する潜象光や、上から降りそそぐ潜象光もあるが、大きく分けるとこの二種類になる。このうち、漂う潜象光というのは、和やかさ、穏やかさを感じさせるものである。この漂う潜象光の色は、様々であるが、黄色やオレンジ色、あるいはこれらが縞模様になっている場合が多い。ときにこれらの色に紫色が加わる。十和田湖で視たように緑色が視えることはあまりなかった。エネルギーの大きさによっては、これらの色が非常に明るい場合もあり、また普通の明るさの色に視える場合もある。

漂う潜象エネルギー（光）は、人間や動植物――生きとし生けるもの――にとって、必要なものに感じられる。植物が順調に生育するのを、このエネルギーが助けているように思えるのである。これが少ない土地では、植物の生育が悪かったり、病気がでたりするのではないか。このような土地は、カタカムナでいうところの「ケカレチ」なのであろう。

一方、立ち上がるエネルギー（潜象光）は、いわゆるエネルギーそのものという感じである。したがって、動力源としては、こちらの潜象エネルギーを使用したと思われる。

潜象エネルギーは、無公害であることはいうまでもない。そのエネルギーを得るための装置、つまりは山の放つ潜象エネルギーを集めて、ある種の動力装置を大湯近辺に設けた。そこで得られた潜象エネルギーを黒又山へ集約し、それを黒又山から十和田高原にある大黒森（k—6）、ないしは田代森へ送り、そこでいろんな用途に分けて使用していた。

このように、ストーンサークルの潜象エネルギー集約装置には、膨大なエネルギーが集まるのであろう。その蓄積のために、あるいはそのエネルギー装置の暴発を防ぐために、湖水を作った。それが鹿角盆地の浅い湖であったのだ。

そして、上空からは、万座遺跡の内帯組石の一方が、西へ伸びる通路のように、透き間が空いて見えたが、それは、鹿角盆地湖へのエネルギーの放出路、ないしは湖へエネルギーを蓄積するための路であった可能性もある。この通路の方向は、若干真西よりずれるが、先に高森があり、この高森は湖の向こうにあったことになる。高森や、その近くの鳳凰山、黒森などのある一帯は、数百メートルの山地になっているが、太古の時代にはどうであったかは今のところ明確ではない。大湯付近で、地層がだいぶ変動しているので、その西の方も現在と同じとは言い切れない。八の太郎の伝説ではないが、地殻変動がだいぶあったようである。

ストーンサークルのところにある、鹿角市出土文化財管理センターで買い求めた『よねしろ考古学』（第8号・よねしろ考古学研究会）には、「高屋舘跡の環状列石」（小畑巌著）の論文が掲載されていた。これは尾去沢にあり、大湯からそう遠くないので、訪ねてみた。この遺跡は小高い丘の上にあるのだが、行く道がわからず、近郊の人に尋ねた。すると調査が終わって、今では誰も行く人がいないので、道がどうなっているかわからないとのことで、やむなく断念した。昔このあたりが湖だったとすると、地形的には、湖岸にあり、そこに蓄積された潜象エネルギーを取り入れることはできたようである。

なお、地図上で測ってみると、大湯のストーンサークルと高屋館のストーンサークルとは、約4・8キロメートルで4・5キロメートルの1・09倍に当たる。したがって、潜象エネルギー的には関連があると思ってよいようである。あるいは、同じ湖に蓄積されたエネルギーを放出するか、または、ここはここで別に動力化して使っていたのかもしれない。

これら二つの環状列石以外にも、このような遺跡があると思われるが、それが発見されれば、それらの関連性についても調査が進むであろう。


この鹿角盆地が、かつて湖であったということは、後で述べるように、大湯町環状列石発掘調査報告書に記述されている。

私はこれとは別の機会であったが、雪の季節に大湯のストーンサークルから、大館市の方へ向かうS氏の車に同乗していた。かつての湖のほぼ中央に当たる所に車が進んできたとき、ふと前方を見ると、一面の雪原の向こうに、数百メートルほどの山が連なっていた。ちょうど、湖を取り囲む山のようであった。そして、平地（盆地）あたりは、まるでこれらの山に囲まれて見えたのである。私はこのとき、雪が積もっている凍った湖の上を走っているような錯覚を覚えた。

以前、冬に長野県の女神湖を訪れた際、湖は凍結しており、その氷の上には雪が降り積もっていた。だから湖というよりも、雪原の光景であった。湖の大きさはだいぶ異なるが、雪の鹿角盆地はこれによく似ていた。雪のないときは、地面が見えているので、昔、湖であったという実感はわかないが、雪原になっていたので、こういう感じがしたのである。図らずも、太古の湖をかいま見た思いであった。
この後、大館市の雪沢温泉「大雪」というところに宿を取った。ここのご主人・古沢三樹夫氏は、古代鹿角盆地のことに非常に興味を持っておられる方である。同氏によれば、周辺の山は褶曲山脈であると、秋田大学の先生が話しておられたそうである。この周辺には、元火山であった山もあるので、これらが混在していることになる。
なお、この雪沢温泉のそばにある高倉山、象ヶ倉山と、もう一つ、名前は付いていない山があり、この三つの山からは、オレンジ色主体の明るい潜象光が視えた。高倉山の方は、立ち上がる潜象光も視えた。

註　あとで、地図上で調べたら、名前が付いていない山の奥には、高森があった。高森からの潜象光と重なって見えた可能性もある。

前著で香取神宮の池の話をしたが、そこでは、要石で潜象エネルギーが溜まりすぎるのを防ぐために、池が作られ、この池がリリーフバルブ（安全弁）の役割を果たしていた。鹿角盆地湖はそれの大型のものということになる。大湯のストーンサークルで集約される潜象エネルギーは、桁違いに大きいものであったろうから、鹿角盆地一帯を湖にして、エネルギーの蓄積、あるいは緩衝装置としたのであろう。
八の太郎の伝説で、この鹿角盆地の湖の話がでてくるが、自然に浅い湖ができるというのはなんとなく不自然な気がする。この浅い湖は女神山、碇ケ関のところで堤防が切れて、水が流出したことになっているが、もしかしたら、何らかの理由でこの湖がなくなったとき、ストーンサークルは制御機能を失い、蓄積された超高潜象エネルギーはなくなってしまったのかもしれない。その時期は、おそらく十和田湖山の噴火の時期とほぼ同じであったのではなかろうか。

ところで、信州にも似たような話がある。『日本にピラミッドが実在した』（山田久延彦著、徳間書店）の中には、昔、皆神山周辺は湖であったと述べてある。皆神山は、湖の中の島であり、その湖は後に堤防が壊れて水が流れ出し、現在のような地形になったというのである。この話はだいぶ以前に本になっており、私はT氏に誘われて、皆神山とは別のところであるが、同じ信州にある、ダイダラボッチという巨人が壊したであろうといわれる堤防へ案内されたことがある。現在そこは絶壁になっており、反対側へ繋がっていれば、たしかに堤防になるような地形であったことを記憶している。鹿角盆地と似たような話であるので、信州の調査のときが楽しみである。何か潜象エネルギーを集めるものがあるかもしれない。

黒又山の石室の話に戻るが、これは送潜象エネルギー（送電と同じような意味）に際して、波長の変換（周波数変換に似たもの）も同時に行っていたのではないかとも考えられる。一種の導波管的な構造と受け取れるのである。あるいは潜象エネルギーの共振回路になっていて、同時に送エネルギーのケーブルか、アンテナになっていたのかもしれない。もし、導波管的な設計となると、ここで扱う潜象エネルギーは、潜象光の波長ではなく、もっと長い波長であったはずである。たとえていえば、可視光線の波長帯域の手前に赤外線があり、その手前には、もっと波長の長い通信用に使用する電波がある。この電波は、UHF、VHF、HFとだんだんに波長が長くなってゆくが、潜象エネルギーの世界でも、同じようにいろんな波長のエネルギーが存在するものと考えられる。

また、ラジオで受信した電波を中間周波数に変換し、さらに音声周波数に変換することが行われているが、潜象界でも、これと似たやり方が使われていたと考えても、別段不思議ではないと思う。ただし、ここで用いるものは電波のように微弱なものではなく、遙かに巨大な潜象エネルギー装置である。

ストーンサークルと黒又山との距離が、なぜ2キロメートルでなければならなかったかについては、依然謎のままであるが、もしこの想定が成立するのであれば、その解明の手掛かりになり得るのである。

十和田湖伝説・八の太郎

十和田湖の周辺、つまり、東は八戸あたりから鹿角、西は八郎潟、南は田沢湖に至る広い範囲で、八の太郎の伝説が伝わっている。

この伝説は、場所によって多少の違いはあるが、ここでは『十和田湖伝説・八の太郎と南祖之坊』（正部家種康著、伊吉書院）によることにする。これによれば、八の太郎は十和田湖の主であった巨人である。超能力を持っており、大蛇になり、果ては竜神になったという話の主人公である。伝説の概略は次のようになっている。

昔、遙かな昔、青森県と岩手県の境にある山、階上岳《はじかみだけ》――別名鳥屋部岳《とやべだけ》――には、鳥屋兵衛という巨人が棲んでいた。この鳥屋兵衛は階上岳の主であった。階上岳の南の岩手県には久慈平岳があり、この山には久慈兵衛が棲んでいた。

この二つの山の主が、八甲田山の西の岳に棲んでいた輝く山のように気高く美しい娘十和子に想いを寄せていた。どちらも十和子を嫁にしたいと思って、二人して、十和子のところに行き、どちらか一人を選んでほしいと頼んだ。

十和子は返事に困ってしまい、どちらか背の高い方のお嫁さんになると答えた。そこで二人は背比べをしたが、ほとんど同じであった。困った十和子は審判を八甲田山の赤倉明神にお願いした。赤倉明神は公平な見定め役として、岩手山の大鷲権現に審判役を頼まれた。

少しでも背を高くしたかった久慈兵衛は、大きな馬の草鞋《わらじ》を何足も重ねてはいたが、そのからくりを大鷲に見破られて、背の高いのは鳥屋兵衛と決まった。

この背比べの判定には、唐の国の金の長い樋が使われ、両者の頭の上に載せ、樋に水を注いで、水の流れ落ちた方が負けとなった。

この金の樋はこの後、南の三陸の海に突き刺さるように落ちて、ほんのちょっぴり海から先端を覗かせていた。後の話であるが、今、金華山と呼ばれている島が、そのときの金の樋の名残だと、南部の伝説は伝えているそうである。

背比べに勝った鳥屋兵衛は、西の岳の十和子と幸せに暮らしていたが、面白くなかった久慈兵衛が、毒入りの酒を鳥屋兵衛に飲ませて殺してしまった。

冷たくなった鳥屋兵衛を見て十和子は泣いた。何日も何日も泣いた。その流した涙が流れ溜まって山の中に小さな湖ができた。この湖が、今の十和田湖の始まりである。十和子の涙でできた湖なので、そこには魚が一匹も棲み着くことはなかった。

その後、十和子は鳥屋兵衛の子供を産んだのであるが、大鷲権現が「父のない一人の男の子故、八人もの兄弟の分も親に尽くすよう、八の太郎と名付けるがよい。」と言われたので、八の太郎と名付けた。

この八の太郎は成長して、山の仕事をしていたが、ある日、大きな岩魚を三匹捕えて焼いていているうちに、美味しい味に惹かれて、一匹だけでなく仲間の分と思っていた残りの二匹も食べてしまった。するとのどが渇き、水をがぶがぶと飲んでいるうちに、体中が大きな鱗に包まれ、頭には鋭い角が二本生え、目は爛々と光り、口からは長く赤い舌を出す大蛇に変身してしまった。

変身してしまった八の太郎は、人間として住めなくなったので、自分の棲み家を造り始めた。まず最初に、階上岳の西にある島守盆地（現在の南郷村島守）に流れる川を堰き止めて、湖にしようとした。驚いた周囲の神々達は自分たちの棲み家が水浸しになるのを恐れて、八の太郎を攻撃して、島守から追い出してしまった。

最近この島守盆地は、多目的ダムの「世増《よまさり》ダム」の建設が進められている。場所は島

ちょっと一休み

えんぶりと三社祭

毎年二月十七日より青森県八戸市で行われる「えんぶり」は、春を呼び、豊年を願う国の重要無形民俗文化財になっている祭りで、四日間にわたって盛大に行われている。

三人または五人の大夫達が、「杁」（えぶり）という農具を手に持ち、勇壮に舞う。さらに、色鮮やかな衣装を付けた子供達のエンコエンコや、田植え踊り、えびす舞、大黒舞等、賑やかな踊りがあとに続く。通りいっぱいに四十組前後が演じる様に、観光客も寒さを忘れ、見入っている。

これが終わると、この地方に春の足音が聞こえてくる。

八戸市はなぜか、冬も雪が少なく、暖かで、海の幸に恵まれたところである。

夏の大きな山車のでる三社祭も有名だ。とにかくこの山車は大きくて、孔雀のように上に横にと折りたたまれていた飾りが張り出し、華やかなことこの上もない。青森の「ねぶた」とはまた違った祭りである。一度見てみるのもよいものだ。

守盆地の奥であるが、この付近が水没する前にと、島守地区の郷土資料館の上村四郎氏が、その風景を立体模型に作り上げておられる。

私は、この地区にある大峰山神社付近の調査の際、何度か訪れていたが、この資料館は、南郷村役場の根岸文隆課長補佐に紹介され、見せていただいた。かなり大きくて、非常に精巧な立体模型を独力で作り上げられたと知って、たいへん驚いた。ここには、このあたりから出土した遺物も展示してあり、有名な遮光土偶も何体か置いてあった。すべてこの方が発掘されたそうである。

根岸氏の話によると、この島守盆地を、県で昔の田舎風景や寺社をそのまま残し、来訪者がそれらを体験できるゾーンにしたいという計画があるそうだ。最近、開発が進みすぎて、昔の風景がだんだん少なくなっているので、できるだけ保存したい意向とのことであった。こじんまりとした盆地なので、そういう計画が持ち上がったのであろう。

この盆地を形作っている周辺の山々の中で、龍興山神社のある山や、高山神社のある山などは、潜象光を発しているのが視えた。

このダムの建設は、いわば八の太郎の夢の現代版である。秋田の八郎潟の干拓で、八の太郎の棲み家がなくなりつつあるので、このダムができたら、八の太郎は戻ってくるかもしれない。八の太郎は八郎潟付近の人を守ったように、このあたりの人を守ってくれるかもしれない。それに、今度は島守地区が水浸しになることはないのである。昔、八の太郎を追い出した島守の神もかわいそうに思って、今度は迎えてくれるであろう。

次に八の太郎は、現在の八戸の八太郎海岸に階上岳を移して、大きな潟を造ろうとしたが、力足りずに失敗した。

この八太郎という名は、八戸市の大字河原木小字八太郎として残っており、馬淵川河口には、八太郎大橋がかかっている。現在、ここは海水を堰き止めた潟にはなっていないが、沖合に長さ２０００メートルの長いものを含め、六つの防波堤が造られている。また、海岸の方は石油基地になっている。船の出入り口だけが開いており、一見、塩湖に近い様相を呈している。

それから各地で湖を造る試みをしたがうまくいかず、母十和子の涙でできた小さな湖に、十本の川の水を集めて湖を大きくし、そこに棲みついた。それが現在の十和田湖である。

その後、長い年月を経て、南祖之坊がこの地を訪れ、熊野大権現の霊示として、ここに棲みつく決心をした。八の太郎は、ここは自分の棲み家であるとして、両者の争いが始まった。十四日間の争いの後、八の太郎は敗れ、ここを追われ、南祖之坊が青龍権現として、棲むことになった。

十和田湖を追われた八の太郎は、各地を転々としながら湖を造ろうとしたが、周りの神々に阻まれてうまくいかず、とうとう鹿角盆地までやってきた。米代川の上流を堰き止めて、鹿角一帯を湖にしようとしたが、ここでも周囲の神々に阻まれた。

それで、七座山《ななくらやま》の麓で米代川支流の水をそっと引いて、小さな湖を造り上げたそうである。この湖は完成したのであるが、程なく周囲の神々の知るところとなり、南祖之坊を恐れた周囲の神々に堤防を壊されてしまった。


この、米代川の支流の川を堰き止めて造った小さな湖はどこだったのであろうと思い、地図上で探したがなかなか見つからなかった。

それからしばらくして、紅葉の季節に弘前から白神山地へ出かけた。白神山地のほぼ中央にある白神岳展望台あたりは、視界が開けており、南の方向に天狗岳が見える。N40度32分54秒、E１４０度10分52秒の地点である。この方向に向かって立ち、目を閉じて潜象光の状態を視てみた。

すると、天狗岳を中心として、プラスマイナス約30度の広い範囲にわたって、オレンジ色を主体とした強い光が視えた。しばらく視ていると、これに赤紫色の光が加わったが、この光はオレンジ色よりもさらに明るい光であった。この範囲には天狗岳の向こう側に、東は大黒森（k―10）、西側には白神岳、その中間に二ツ森などがあるので、明るい潜象光が広い範囲に視えたのである。

この後、小さな池が点在している十二湖に一泊し、翌朝、能代市の東側にある二ツ井町を通りかかり、「きみまちの里」という道の駅に立ち寄った。ここは米代川のそばである。この道の駅では、『菅江真澄読本』（田口品樹著、無明舎）を販売していた。二冊買い求めて、食堂に入った。昼食には少し早い時間であったが、ここを外すとこれから行く方向には、食事をする場所がないかもしれぬというS氏の話だったので、少し早めの食事にしたのである。

食事の注文をしてしばらく待っている間、食堂の仕切のところに写真があったので、何気なく眺めていた。その中に、いくつもの峰を持った山の写真が目に留まった。そばによって題名を見たら、「七座山」となっていた。おやと思い、食事の後、本を買い求めたレジで、七座山のことを尋ねたら、「あれが七座山です」と正面の山を指して教えてくれた。３００メートル足らずの山であるが、七座山というだけあって、いくつもの峰を持つ山であった。思いがけないところで、七座山が見つかったのである。

帰宅してから、地図上で場所を確認していたら、思わぬものが目に付いた。この「きみまちの里」は、「きみまち坂自然公園」の中にあるが、ここから約13キロメートルほど粕毛川を北へさかのぼったところに、「素波里ダム」が造られており、「素波里湖」という湖になっていた。

このあたり一帯は、きみまち坂藤里峡県立自然公園になっている。この粕毛川は一時、藤琴川に合流した後、米代川に合流しているので、米代川の支流になる。なんとも奇妙なことだが、ここでも八の太郎の伝説が甦っていたのである。このダムがいつできたのかは知らないが、八郎潟の干拓と関連していれば、一段と興味深い話になる。

さて、伝説の続きだが、この湖が壊されたので、八の太郎はやむを得ず、八郎潟に行き、安住し、周囲の人々を守ったと伝えられている。そして、この八の太郎は田沢湖の主である辰子姫のところへ度々通っていたとのことである。

伝説はこのようになっているが、その昔、大湯付近が湖であった痕跡があるので、大きさはわからないが、この付近が一時期、湖であったことは間違いない。このように、伝説には興味深いことがいろいろあり、いくつかは、実際にあったことが、形を変えて物語の中に現れていると思える。

現在、十和田湖はかつてそのような争いがあったことなど少しも見せず、美しい湖となっている。

列石所在地付近の地形発達史

前述の大湯町環状列石の発掘調査報告書に、ストーンサークルのある一帯（風張台地）を中心とする鹿角盆地北部地域を調査した結果がまとめてある。ただし、この調査は期間的に不十分なところがあり、追加調査の必要性を示唆してあるが、その概略を記載することにする。

（一）第三系、先第三系の山地内部に、断層盆地の形成、おそらく湖盆これに扇状地及び河流堆積の開始
——十和田外輪山の大噴火——

（二）盆地北縁では、前大湯川の谷に沿って、十和田浮石流の南下堆積
——隆起？——

（三）十和田浮石層の浸蝕
——沈降——

(四) 広範囲にわたる厚い砂礫層の堆積
(ただし、第一段丘の礫層が十和田浮石層より新しいという証拠をまだ発見していないので、第一段丘全体が、古い浸蝕段丘である可能性もある)
——隆起——
(五) 砂礫層の浸蝕……第一段丘の形成
——隆起——
(六) 第一段丘の大規模な開析
(4項の如何によっては、5、6項は2、3項に先行することになる)
——沈降——
(七) 第二段丘礫層の堆積
——降灰(附近火山の活動)——
(八) 下位火山灰層の堆積、第二段丘では下部河成、上部気成
——小沈降?…または盆地の湖盆化?——
(九) 第二段丘の湿地化?………腐植黒土層の形成
この間小隆起により、上・中・下位面の区別を生じる
——降灰(X)——

——隆起——

（一〇）第二段丘面の形成、開析

大湯川沿岸では下位火山灰層下の礫層まで下刻した後、側方浸蝕

一時、陸化または湿地化して、第三段丘部黒土層形成開始

——降灰（Y）——

——小沈降又は堰止湖盆化——

（一一）第三段丘部黒土上の浮石層、含火山灰河成、ないし、湖成堆積層の生成

一部陸地化又は湿地化

——小沈降——

（一二）第三段丘部表面の礫層堆積

——小隆起——

（一三）開析第三段丘面の形成、側方佳蝕

——小隆起——

（一四）開析、第四段丘面の形成

……現在地形

以上のような順序で、沈降、湖盆化、隆起、降灰が何度となく繰り返され、現在に至

っていることが、推定されている。

この中で、（X）（Y）と記入されている降灰時期が問題となっている。上位火山灰層すなわち大湯浮石層の噴出堆積が、いつであったかというもっとも重大な問題が、資料不足のため未解決となっているのである。この調査では、これ以上の解答は得られないが、ここまでの調査があれば、ある程度の推論は可能であると思われる。

私がこう考えてる理由は、次のとおりである。

この調査自体は、純粋に考古学の見地より遂行されたものであり、同時に地質学上の調査も行われている。非常に精緻になされているのである。特に考古学専門の方だけではなく、各分野の方々で一つのチームを作り、それぞれの分野を丁寧に調査されている。私がここで取り上げた大湯付近一帯の地形発達史の中で、詳しく調査結果がまとめられているのは有難いことである。

このような調査結果をベースにして、これから私は大湯付近というよりは、むしろ十和田湖山を中心として、これまで考えられてこなかった超古代文明の世界を探していこうと考えている。

この超古代文明を探ることとは、地元の諏訪富多氏などが提唱しておられた神都十和田高原が本当にあったのではないかという謎に迫ることでもある。

超古代文明・十和田高原文明はあったのか？

太古の昔、まだ十和田湖山がその偉容を誇っていたころ、迷ケ平（眉ケ平）、田代平付近一帯の十和田高原は、一つの超古代文明都市であったという話がある。

以前、大湯町長であった故諏訪富多氏が主催しておられた、十和田高原開発協会の機関誌『太古の神都　十和田高原』には、このあたりのことをテーマにした記事が掲載されている。この超古代文明は十和田湖山の噴火によって、消滅してしまったのである。その痕跡がいくつか残っているとよいのであるが、残念ながら、そういうものは皆無である。

十和田高原の超古代文明については、昭和十年八月七日、竹内巨麿がキリスト遺跡を探しに来訪した際、「竹内文書にある眉ケ平はこの迷ケ平で、この尖山が古名剣山（トバリ山またはトガリ山）で、天然の山を利用した日本最初のピラミッドである」と話されたとのことである。（トバリ山は現在の十和利山のことである）

さらに、「トバリのピラミッドは実は五万年も前の神皇二十四代仁々杵天皇の外国巡幸の後、戸来の迷ケ平に都せられた遺跡であり、中腹の小高い丘には、大神殿が築造された」ということになっている。

このことは、平成七年四月に再発行された上述の機関誌に述べられている。これは諏訪善綱氏よりいただいたのであるが、このとき同時に頂戴した同じ題名の機関誌第一号には、昭和四十四年三月二日付で、畠山満徳氏が、諏訪富多氏の話として次のように記している。

ここは数千年の間、文明の中心地であったことは、様々の面から明らかになっている。当時は低地であった。四回の大きな地殻変動があり、太平洋側は隆起、日本海側は沈下した。

このあたりが低地であれば、ストーンサークル付近からの潜象エネルギーの送受は、現在の高低差のある地形よりも、もっと容易であったろうと推察される。

その文明がどんなものであったかについては、現在のところ、何一つわかってはいないし、それをうかがわせる遺跡もない。ただ、大湯ストーンサークルにその一部を覗かせているのである。

これに関連する事柄としては、『日本のピラミッド』（武内裕著、大陸書房）に、ストーンサークルは、地磁気エネルギーのコントロール装置であるとの記述があり、十和田文明についても述べている。

最初ここを訪れたとき、私は地磁気の調査を行ったわけではないが、同行のT氏は自製の磁気調査器で、地磁気の調査をしておられた。

私がこのストーンサークルを潜象エネルギーの集積、変換装置ではないかと考えるのは、ここに超古代文明がなければ、このような装置は建設されなかっただろうと思うからである。人々が集団で生活するとき、何かまとまったエネルギー源がなければならないことは、化石エネルギー、電気エネルギー、あるいは核エネルギーによって、現代文明が支えられていることから、容易に推測することができる。


これから述べる事柄は、学問としての考古学的には何一つ物証として取り上げてはもらえない話である。しかし将来、その痕跡が認知されることになると思っている。

考古学上の一般的な人類の発展、すなわち文明の発達は、石器時代、縄文時代、弥生時代という形で、進んできたことになっている。これは発掘された土器など遺跡の調査で裏付けられている。この順序で文明が発達してきたことは確かである。

ではその前はどうであったのかというと、解答はまったくない。私がこれから述べることは、それ以前の話なのである。

世界には超古代遺跡と目されている多くの遺跡が存在している。エジプトのピラミッド、イギリスのストーン・ヘンジ、メキシコのピラミッド等はもっとも有名な遺跡である。これらの遺跡の調査は幾度となく行われており、それらに関する書籍も数多く出版されている。

しかし、それらに書かれていること、特になぜ彼らがそのようなものを造ったのか、という問いについては納得し難いものが多い。また、どのような方法で造られたかという疑問についても、なるほどとうなずける説明はなかなか見当たらない。

それはなぜかというと、判断なり、説明の根拠が、現代の科学を念頭に置いて話が進められているからであり、さらに古代遺跡の建造目的を、祭祀、天体観測、あるいは埋葬といった常識的な区分を前提に想定するからである。

中にはそれらを目的として造られたものがあることを否定はしないが、それらと異なる目的で造られたものもあるはずである。どう考えてもこれらの区分に該当しないと思われるものが存在するのである。

ピラミッドはその一つである。なぜ、このように、建造された当時の目的がわからなくなったのかというと、このような超古代遺跡といわれるものは、そのほとんどが元の姿から大部分破壊されているためである。それも人為的な破壊である。原型のままで残されていないと、それらが建造された時代の技術がまるでわからなくなってしまうのである。

かつて、メキシコのティオティワカンを訪れたとき、このピラミッドは、単に祭祀のみを目的として建造されたものではない、と思える光景を目にしたことがある。

このピラミッドの頂上には、十数人の人々が立っていた。私もなんとなく、この頂上に立ってみたくなり、石段を登ってみた。そこには現地の人たちが立って、瞑想をしていた。身じろぎもしないその姿は、まるで自然のエネルギーを享受しているかのようであった。

このピラミッドが祭祀のみを目的として建造されたのであれば、現地の人たちがその頂上に登るようなことはないはずである。祭祀だけを考えれば、頂上は神聖なものだからである。頂上に人が登るということは、祭祀だけのものではなかったのであろうと、そのとき感じた。

しかし、そのころは私はまだ潜象光を視ることができなかったので、そのままピラミッドを降りた。

もちろん、このピラミッドに地上から祈りによって、潜象エネルギーを呼び込むことはあったと思われるが、それだけではなかったであろう。いずれにせよ、そのような技法は、ピラミッドを造った時代の人たちから、現代には伝わっていない。途中で、断絶しているのである。

したがって、現代科学の前の時代はこうである、その前はこうであったろうと類推するわけである。そのため、縄文時代の前は、石器時代であり、そのころの文明は縄文時代よりも、もっと幼稚であったろうという判断になる。これは文明の連続性という見地からの推定である。文明が連続して、次第に発達して時代が進んでゆくときは、そのとおりであろう。しかし、一度、文明の連続性が断絶した場合には、必ずしも、この論理は適用できないと考えた方がよい。

例えば、一つの文明があったとしても、それが天変地異によって破壊され、わずかに生き残った人たちが生活を再建するとき、それまで彼らが持っていた文明は、昔はこうであったと知ってはいても、インフラが壊滅状態にあれば、実生活にそれを用いることはほとんどできなかったに違いない。そうなると、きわめて原始的なやり方で生活を始めなければならなかったことは、容易に推察がつく。

現代において、ガス、電気、水道の供給源が一斉に断たれた場合、これまで日常に使用していたものは、すべて使えなくなるのである。こんな事態が発生すれば、流通経済が一切ストップし、一人一人が水は雨水か、湖、川の水を、燃料は山の木を、食料は自分の手で探すか作るかしなければならなくなる。それは現代文明の生活が、一瞬にして原始生活に戻ってしまうということである。

そして、その状態が二十年、三十年、百年と続き、世代交代が何代にもわたってゆくと、昔はこういう技術があって、こんな生活をしていたなどとは、昔物語として残されたとしても、実際の生活には何一つ反映できないから、数世代後の人たちにはまるで夢みたいな話としか、思えなくなるのである。

過去の地球の歴史を見ると、このような地球規模の大異変が何度か発生した痕跡は、世界各地で確認できる。

アトランテス大陸、レムリア大陸、ムー大陸の話は、伝説としてしか受け止められていないが、昔、たしかにそのような大陸があり、そこには現代の文明とは違った文明が発達していたと考える方が、ずっとわかりやすいのである。

『旧約聖書』にあるノアの方舟は、現代科学では実現できない技術である。しかし、太古の昔、このような舟に乗って、大災害から人類や動植物を守った人がいたことは語り継がれている。そして、その方舟の中に、地表にオリーブの葉ができるまでの長い間、生活できるだけの食料を賄えたということは、大変なことなのである。

いずれ、考古学（現代考古学）の範疇を超えた古代の超文明の存在を認知することから、「超古代考古学」とでも呼べるような新しいジャンルの学問が形成され、研究が始まることになろう。例えば石が空中に浮き、それにのって飛行するというような現代科学では一笑に付される話が、そのころは本当にあったかもしれないのである。

私のように、潜象界の光の色が視えるとか、あの世がこの世と同居しているとか考えることは、同じように現代科学では容易に受け入れてもらえないことではあるが、いずれ理解していただける日が来ると思っている。

考古学の分野でも、超古代文明とよばれる巨石文明の本質についても、その検討がはじまることが期待される。縄文時代のほんの少し前に、壊滅した巨石文明があったことの解明がなされれば素晴らしいことと思う。


話が少し横にそれたが、大湯環状列石を作った人たちは、このように、考古学の範疇を超えた時代の人たちであったろうと思う。伝説的な闇の中に閉ざされてはいるが、十和田高原文明と繋がりのあった人たちの手で、このストーンサークルは建造されたと考えたほうがわかりやすいのである。

この文明は十和田湖山の噴火によって消滅したものと思われる。あるいは、これに加えて、急激な地盤の隆起もその要因の一つであったかもしれない。それは、十和田湖南方のドコノ森あたりで発見されるペトログリフを彫った人たちがいた時代よりも、古い時代のことと考えるべきである。

さて、地質学上の分析結果から、ストーンサークルの組石に堆積している火山灰は、九番目の第二段丘の湿地化の後の降灰（X）の時期か、その後の第二段丘面の形成、開析、大湯川沿岸では、下位火山灰層下の礫層間で下刻した後、側方浸蝕、一時陸化、または湿地化して、第三段丘部黒土層形成開始後の降灰（Y）のいずれかの時代であるとの見解となっている。また、この降灰は十和田湖の湖底噴火ではないかとの推定がなされている。

ということは、それ以前に十和田湖山の大噴火があったのであるから、最初の大噴火で、十和田高原文明（仮にこう呼ぶことにする）も、大湯ストーンサークルも、その機能を停止してしまったと考えられる。その後、ストーンサークルの組石は地上に露出したままであっても、パワーの供給源が断たれたりすれば、その施設は使えなくなり、そのまま放置される。

また、そのころストーンサークル遺跡周辺からは、いくつも縄文土器類が出土しているが、縄文人の時代にこのあたりに住み着いた人がいたのであろう。

私は、このように大湯列石人（ストーンサークルを動力源として利用していた人々）と縄文人とを区別して考えているが、それはストーンサークルの文明と一般的な縄文文化とはあまりにもかけ離れてみえるからである。

したがって、ストーンサークルが現在の遺跡よりももっと原型に近い形で残っていたとしても、あとで住み着いた縄文人は、それを修復して使えるようにすることは、できなかったであろう。よって、放置されたままの組石の上部に、だいぶあとになってから降灰があったとしても別に不思議ではないと思う。

調査報告書では、近くの菩提野の人類活動の時期と大湯環状列石の時代とは、一応区別されており、菩提野の遺跡は奈良時代から現在の間となっている。

大湯浮石層（上位火山灰層）でも、奈良時代より縄文時代に近い。また、列石遺物含有黒土（大湯列石時代）はこれよりも古く、縄文時代となっている。さらに、下位火山灰層は縄文式時代か、それに近い時代という判断になっている。

私は判定をもう一段進められないかと思っている。十和田湖山噴火によって壊滅した十和田高原文化の時期は、これより少し前の時代で、この文明は縄文時代のものとはまったく違った文明だったのである。この文明の壊滅が、その文明を現代文明に引き継ぐ最後のチャンスをなくしてしまったのではないかと考えている。

八の太郎伝説との関わり合いは？

伝説というのは、記録に留めおかれていない出来事が語り継がれており、まるで根も葉もない話とは違う。

確証がないから、史実に反する話と受け取るよりも、現段階では史実としては認知されていないある過去の出来事、あるいは時の権力者によって事実が抹殺された出来事が、形を変えて語り継がれてゆき、それが歴史の穴を埋めるものになっていると私は考えるのである。このような見方で、八の太郎伝説を眺めてみると、新たな興味がわいてくる。

十和田湖は、八甲田の西の岳の主であった十和子の涙でできた湖となっている。この十和子の涙でできた湖は、最初は小さかったが、八の太郎が自分の棲み家にするために、周辺の川の水を集めて大きな湖にしている。つまり、二回の噴火によって、現在の大きさになったのであろう。

この後、八の太郎と南祖之坊との壮絶な棲み家争いの死闘が繰り広げられたということから、その時期にもう一度、噴火があったものと思われる。この争いは十四日間続いたとあるから、噴火がそれぐらい続いたのであろう。

大湯の地質調査の結果、「推定の域をでない」との注釈付きではあるが、降灰が十和田湖の湖底噴火ではないかということが報告されている。

湖底噴火であれば、湖面からは沸騰した水と水蒸気、それに火山灰がものすごい勢いで噴き出したであろう。その状態は水中で二匹の竜が相争っていると想像することもできよう。伝説との関わり合いはこんなところにも現れているようである。

ただし、鹿角盆地の湖盆化の時期は、昭和二十六年の調査結果によると、上位火山灰層が奈良時代より縄文時代に近いと推定されるのに対し、伝説では、八の太郎と南祖之坊との争いは平安時代のこととされるので、年代的には合致しない。

さらに、八の太郎が十和田湖を追われた後、七座山麓に米代川の水を引いて小さな湖を作った時期は、それよりも後のことになるので、年代がだいぶ違ってくる。

だから伝説は当てにならないと言ってしまえばそれまでである。しかし、その場所に発生した出来事というのは、たしかに起こったことであると考えると、仏教流布の時代の話と、もともとその土地にそれ以前にあった物語とが、あとになって一緒になってしまい、そのまま語り継がれるということはよくあることである。

少なくとも、十和田湖の湖底噴火と、鹿角盆地の湖盆化があり、大湯付近は幾度となく沈降と隆起を繰り返している地域であることは、地質学の調査で立証されているので、伝説の年代にこだわらなければ、調査結果と合致するところが多い。

私自身は、この十和田湖で竜の姿を視ていないので、南祖之坊の竜がここに棲んでいるかどうかは知らない。

私が十和田湖を遊覧船に乗って調査した日は、よい天気で空には飛行機雲が数条あり、その昔、この湖で竜の争いがあったなど、まったく感じさせない穏やかな日和であった。

日時計組石の謎

大湯ストーンサークルを訪れた人が、まず目にするのが日時計組石である。この日時計組石は、万座遺跡と野中堂遺跡に、それぞれ一つずつある。この遺跡が整備される前は、道路脇に近い野中堂遺跡の日時計組石が一番目につきやすかった。現在は、道路の北側にある万座遺跡の方が、綺麗に整備され、遊歩道も造られていて、訪問者にはわかり易くなっている。

私が最初に訪れたときには、まず野中堂の方から見たので、今でもなんとなく野中堂の方が気になる。現在でも野中堂は、昔のまま残されており、昔のイメージで眺められるせいかもしれない。また、列石の荒らされ方がひどいので、こんな姿にされてしまった遺跡がかわいそうと、つい思ってしまうことも理由の一つかもしれない。荒らされ放題なので、日時計組石だけが目立っている。

万座遺跡の日時計組石は、野中堂の組石よりも一回り大きくて、用いられている石の

万座遺跡日時計組石図

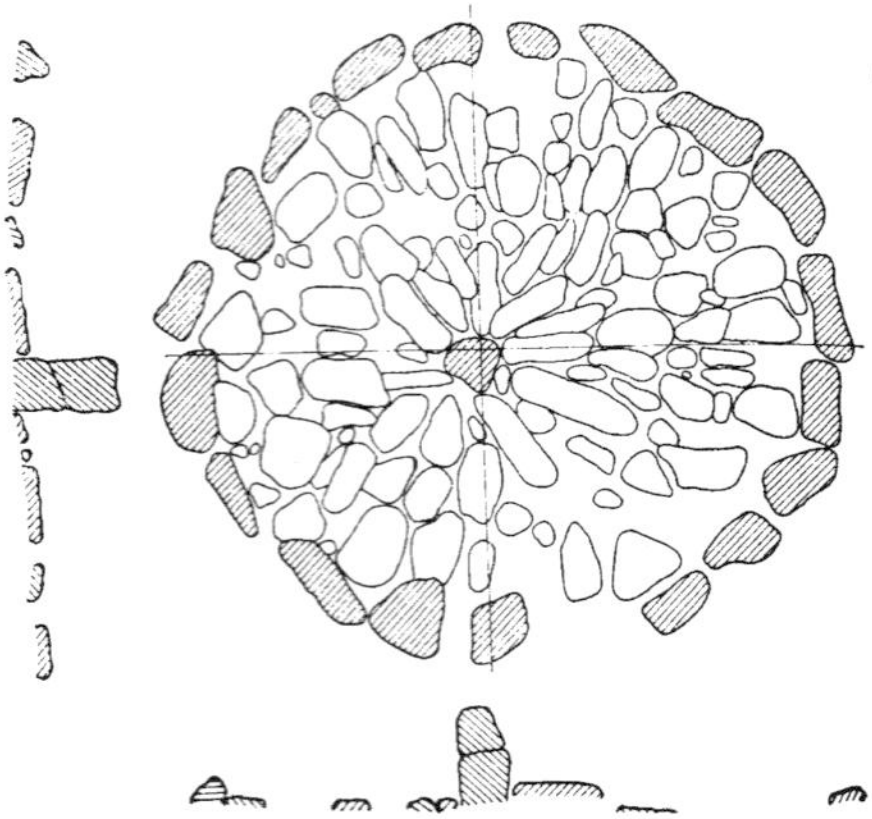

野中堂遺跡日時計組石図

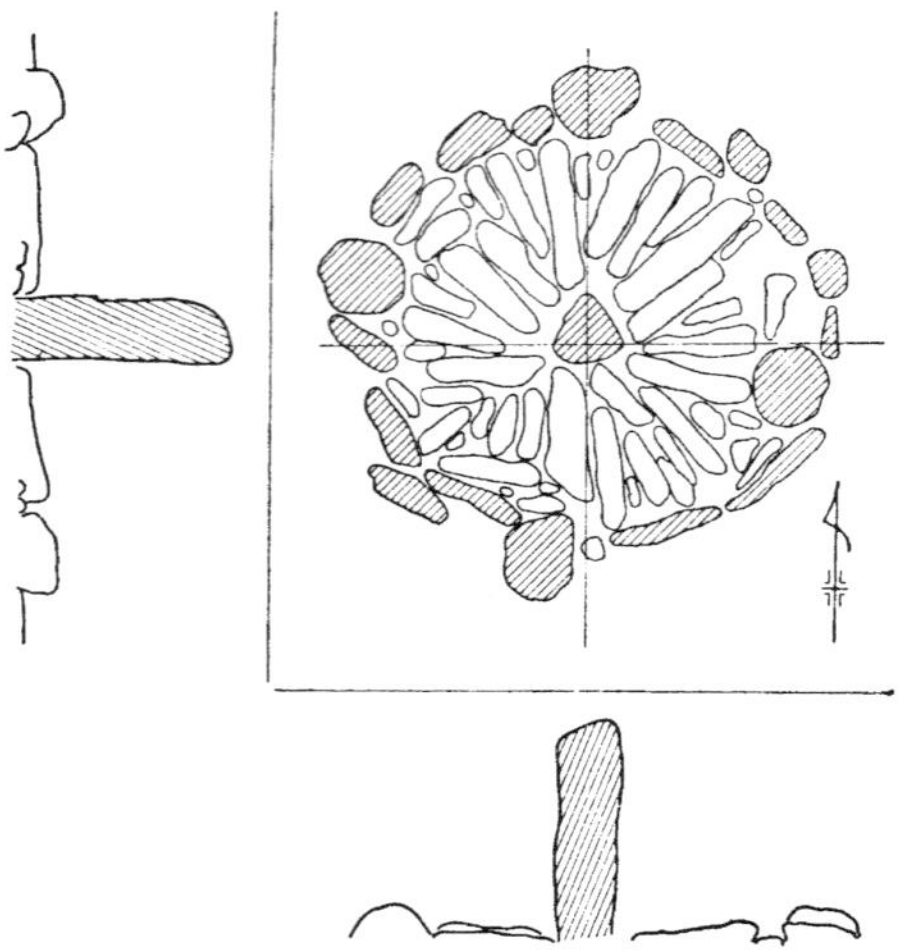

数も多い。残念なのは、中央部の立石が半分折れているため、中央立石が小さく、組石全体が扁平な組石に見えることである。

このように両遺跡とも、日時計組石だけはほぼ原型を保っていることが、いささか不思議である。組石の中で、一番目につきやすい組石なのに、なぜか、誰もこれを持ち去ろうとしなかったのである。

その理由を私流に解釈すれば次のようになる。

日時計組石が配置されている状況から、この組石は潜象エネルギーをこのサークルに集める役割を果たしていた。万座遺跡の日時計組石は、サークルの中心からこの組石を結ぶラインが、北からちょうど60度の方向、つまり３００度の方向になる。このラインの先には男神山・女神山があることはすでに述べたが、この山との関わり合いを感じるのである。

この間の距離は前述のとおり、22・4キロメートルで4・5キロメートルの約5倍に当たる。その元となる女神山と十和田湖山との距離は、27キロメートルで、4・5キロメートルのちょうど6倍になる。十和田湖山とストーンサークルとの距離は、22・4キロメートルで、4・5キロメートルの5倍にほぼ等しい値である。

このことからストーンサークルで、十和田湖山から発した潜象エネルギーがピークの状態で合成され、高いエネルギー状態になっていたと思われるのである。

このほかにも、比内町にある黒森山と、新郷村にある大黒森からのエネルギーはピーク値ではないが、同相でストーンサークルに達するなど、各方面からの潜象エネルギーが集まるところにこの列石は設置されているのである。

特に日時計組石が女神山の方を向いているということから、この方面からの潜象エネルギーを集めるいわばアンテナみたいな役割を持っていたのではないかと思われる。アンテナといっても、微弱な電波とは違い、大量のエネルギーである。したがって、ストーンサークルの中でも、この日時計組石は、高潜象エネルギー場になっていたと思われる。

この組石がほとんど原型のままで残っていた理由は、その形を壊すのをためらったため、あるいはこの施設が廃墟となっても、周辺の黒森や女神山からは相当潜象エネルギーが流れ込んでいたためではないだろうか。したがって、この組石はほかの壊された組石とは異なり、何か手で触りがたいエネルギー場を周辺に作っていたのではなかろうか。そのため、誰もこの組石だけには手を触れなかったのかもしれない。

『日本のピラミッド』には、著者が日時計組石で、磁石を用いて地磁気異常の調査をしたことが記されている。何らかの自然エネルギーを感知したのであろう。

註　この万座遺跡の外帯には、もう一つ気になる組石がある。それは、組石40号址（A1形式）で、その形は、日時計組石に似ている。調査報告書では、この組石は外帯組石の中に含められており、日時計組石ほど、別個の組石にはなっていない。

しかし、元は外帯組石に対して、日時計組石とほぼ似た位置関係にあったと考えられる。組石40号址と日時計組石がなす角度は、内帯中心から約60度になっている。地殻の変動で、その位置が外帯よりに、ずれたのではないかという推測もできる。

さて、万座遺跡から、この組石を眺めてみることにする。この組石が置かれている場所は、外帯と呼ばれる円環組石の内周縁である。方向は、すでに述べたように、ストーンサークルの中心より３００度の方向である。ストーンサークルの中心と、組石の中心との距離は約16メートルである。

組石の直径は約２・９メートルで、円形平面形の中央近くに一本の柱状立石が立っている。今は折れており、元の長さではないが、地上約40センチメートルの高さである。この柱状立石を中心として、八方に横長石を放射状に配し、その外縁に横立石を連ねて、円形を形造っている。

この中心から放射状に置かれている横長石のうち、四方に放射している四筋のものには、横立石を用い、明らかにほかの横長石とは趣を異にしている。その横立石の列は、今の東西南北の線とは一致せず、ほぼその中間、すなわち、東南から西北へ、西南から東北へという方向をとっている（正確には45度ではない）という説明が付いている。

この点を確かめるために、組石実測図の平面図を見ると、外円を形作っている横立石と柱状列石とは斜線で立石を明示してあるが、四筋に放射状に置かれている横立石は、ほかの横長石と同じように描かれており、区別はつけられない。

45度を手掛かりに、おおよその見当はつけられるが、西南部のものについては、判別しにくい。しかし、意図して、横立石を十字に組み合わせてあるため、何らかの目的があるはずである。

このように、外帯組石のなかにも、方向的なずれは若干あるが、東西、南北の個所に横立石を配したものがある（例えば組石2号址）ので、これと同様に考えられる。

註　横立石は、地表面から20センチメートル程度しかでていないが、地下には30センチメートルか、それ以上埋められており、単に地表面に置かれている石（横長石や平石等）とは、別の目的があるとして、区別されている。

日時計組石を、このような形で設置してあることから、まず第一感として、思い浮かぶのは、男神山と女神山のペアの山からの潜象エネルギーを受け取るためであるという

万座遺跡の日時計組石

万座遺跡・日時計組石

このストーンサークルを形作っている組石の数は、二千個から三千個と言われているが、そのほとんどが「石英閃緑玢《ひん》岩」である。この石の原産地は、遺跡の東北約七キロの諸助山であるが、採石地はその下を流れる安久谷川と考えられている。石の重さは、野中堂の日時計組石の立石で88・5キログラム、万座の日時計組石の立石で20・2キログラム、万座遺跡の平均的石は、32・3キログラムと、秋元信夫氏は計算しておられる。（前述）

このように、石英を含んだ石でストーンサークルを構成していることは潜象エネルギーを集めるために必要なことである。

ことだ。ここからのエネルギーを受け、それをサークル内の各組石に伝えていたと考えられるのである。

日時計組石で受け取った潜象エネルギーを、ストーンサークルの中心部へ伝えたのか、あるいは外帯部の組石群に伝えるためのものであったのかは、それぞれの考え方がある。これは、野中堂遺跡の日時計組石と比較しながら考えることになる。

私は、まず次のように考えた。

調査報告書の実測図では、外帯組石群の内側の円線上に、日時計組石の中央立石が位置し、この組石に集められた潜象エネルギーをまず外帯組石に伝えるのであろう。それによって、外帯の組石全体に集められた潜象エネルギーが供給され、何らかの作動が始まると考えられる。

最近は、ほとんど姿を消してしまったが、30年ほど前までは、送受信機には真空管が使用されていた。真空管にはいろいろな種類があるが、その用途に応じ、陰極と陽極との間にグリッド（格子）と呼ばれる電極を挿入し、真空管内部を流れる電子を制御していた。（トランジスタ回路でも同じである）形も作用も異なるとは思うが、ストーンサークル内の潜象流の制御に使われていたのではないか、という考えも浮かんでくる。

註　万座遺跡にも野中堂遺跡にも、日時計組石はそれぞれ一つずつしか残っていないが、遺跡が破壊される前には、もっとあったかもしれない。

日時計組石自体の話に戻るが、中央立石に集められた潜象エネルギーが、主として、中心から放射状に配された横長石に伝えられ、外縁を円環状に形作っている横立石（合計20個）に供給されていたと思われる。円内に置かれている、ほかの横長石は、電磁気学的に用いられる各素子に似た働きをするのであろう。

日時計組石は、形が整っているが、それでも幾分かは、元の形から変形しているように見受けられる。ほかの組石は、その乱れ具合が甚だしい。人為的に乱されたものも、もちろんあるが、度重なる地殻の隆起と沈降を繰り返し受けたために、組石の形が崩れたと思えるところも多い。

組石を構成する個々の石は、同一方向にのみ移動したのではなく、さらに、その変移の量もさまざまで、元の全体像を思い浮かべることは、きわめて困難な作業となるが、できるところまでやってみようと思っている。

同じ日時計組石でも、野中堂遺跡は万座遺跡のものと異なるところが多い。まず、組石の位置である。野中堂遺跡は、外帯組石よりもずっと内帯組石に近いところに位置している。これは、日時計組石において、潜象エネルギーを受ける働きは同じでも、その集約されたエネルギーを供給するのは、外帯組石ではなく、内帯組石であることを意味している。

なお、野中堂ストーンサークルの中心から、日時計組石の中心とを結ぶラインを延長すると、万座のストーンサークル中心部に到達することから、野中堂ストーンサークルの日時計組石が受け取る潜象エネルギーの発信元（送エネルギーの元）は、万座のストーンサークルであろうと推察できる。このあたりが、組石配置上の大きな違いである。

次に組石自体の違いについて述べる。万座の日時計の大きさが、2メートル90センチ近いのに対し、野中堂のそれは、10パーセント前後（長径と短径で8パーセント～16パーセント違う。元々は円形であったものと思われる）小さい規模である。中央の柱状立石は折れずに原型を保っている。この柱状立石から円環の方へ放射状に配置されている横長石は、万座と同じであるが、ここには横立石は使用されていない。

その代わりに、正確ではないが、東西南北の方に、地表面に現れていない立石が四個埋められている。この四個の立石の間は、横立石が全体として円形状になるように配置されている。この横立石の数は14個である。

また4個の埋め立石は、互いに正確に90度の角度をなしてはいないが、それは地盤の変動により偏移したように受け取れる。

以上が万座遺跡と野中堂遺跡の日時計組石の相違点についての概略である。日時計組石の位置が外帯組石寄りか、内帯組石寄りかによって、二つの遺跡（組石装置）の果たす役割が異なると思われる。

前に述べたように、万座の場合は、集められた潜象エネルギーが、まず外帯の組石に伝えられるのに対し、野中堂の場合は、まず内帯組石に伝えられる。外帯組石に伝えられたエネルギーで外帯組石が駆動し、そのエネルギーで、万座ストーンサークルがその機能を果たすことになるのであろう。したがって、外帯組石に生じたエネルギーは形を変えて、内帯組石へ伝わっていくと考えられる。

一方、野中堂遺跡は、まず中央の柱状立石が、万座ストーンサークルからのエネルギーを受けて、内帯の組石に伝え、それに誘導された形で外帯組石にエネルギーが伝えられるか、ないしは、新しいエネルギーが発生するのではないか。

まったく同じではないかもしれないが、電磁気学と比較してみると、多少なりとも理解しやすいのではなかろうか。

誘導型モータの場合、外側コイルが一次コイル（ステータ）となっており、内側の回転子（ロータ）が二次コイルとなっている。外側コイルに電流を流すことによって、内側のロータを回転させることができ、電気エネルギーが動力エネルギーに変換される。このモータを使って、発電させるためには、この回転子と同軸にもう一つモータを連結させればよい。すると、そちらは内側のロータが回転することによって、外側のステータに発電するのである。

水力発電の場合は、このモータの回転の代わりに、ダムに貯めた水を放水し、その直下にタービンをおいておくとタービンの羽に水が当たって、回転を始める。水車小屋で、水を落として水車を回すのと同じである。軸に発電機を直結しておくと、内側のロータが回転し、外側のコイルに発電するのである。

エネルギーと、それに伴う動力の発生のメカニズムは幾分異なるが、考え方は同じであると思われる。万座遺跡と野中堂遺跡の二つのストーンサークルは、この仕組みで、潜象エネルギーを人間の生活に利用できる動力なり、電気に似たエネルギーに変換していたのではなかろうか。

現代、送電する際は、超高圧にし、次第に電圧を下げて利用する方法をとっているが、潜象エネルギーの場合も、類似した方法であったかもしれない。野中堂遺跡の日時計組石が、万座遺跡のストーンサークルの中心に向かっている理由は、ここにあったのであろう。

大湯列石人はこのようにして、潜象エネルギーを電気的エネルギー、あるいは動力として使用し、大湯ストーンサークルは、かつて、潜象エネルギーを利用した一大エネルギーセンターだったのではないかとも考えられる。

このように、外帯と内帯との二重のサークルになっているのか、また外帯と内帯との間は一体何かについては、誘導型モータと比較することによって、ある程度は、推測がつく。

二重サークルの意味は、今述べたことであろうし、二つのサークルの間は、いわばモータの一次側と二次側コイルとの間隙に当たるのであろう。通常のモータの場合、あまり広いと、モータの効率が非常に悪くなるため間隙はわずかである。

交通機関に用いる、吸引式磁気浮上と組み合わせて使うリニア・モータは、ある程度この間隙を空けないと使えないので、大きくとる。効率は悪くなるが、車輪をなくす設計で、その効率の悪さをカバーしている。

しかし、万座遺跡や、野中堂遺跡のような空隙では、電気の場合は、ほとんど役に立たない。モータとして成立しないのである。

このあたりが、潜象エネルギーの世界では違うのであろう。もし、電気と類似していれば、ここに集まる潜象エネルギーは、非常に高いエネルギー（超高エネルギー）であり、仮に電気と対比すれば、超超高圧とでもいうことになるのであろう。

また、組石の下を発掘したら、空間が発見されている。この空間は墓としてのものではなく、ほかの目的で掘られたものらしい。

この空間が何かは断定できないが、私にはエネルギーの共振ボックス（マイクロ波などで用いる導波管に似たもの）に思えてくるのである。

万座遺跡・外帯組石と内帯組石

大湯ストーンサークルの中で、組石の石群が最も多く残っているのは、万座遺跡の外帯に区分されているところである。

前掲秋元信夫氏の「大湯環状列石」には、外帯97基、内帯12基、内外帯環1基、計110基（水野正好氏調査）とあり、内帯は2大群、6小群に、外帯は2大群、6小群、12小塊に区分されている。また、内帯を構成する組石の数を2基、外帯の一小塊を構成する組石を5～13としている。

この調査以前の昭和二十六年に、後藤守一氏はこれらの組石を調査し、次の八つに分類しておられる。

A類　中央に立石を立て、それを囲むように石を組み合わせたもの
B類　四隅に立石を立て、内部に平石を置いたもの
C類　外周に五個以上の立石を立てめぐらせたもの

E類　外周に立石を密接に立てめぐらせたもの
G類　横立石を馬蹄形に並べ、その内部に大小さまざまな石を雑然と置いたもの
H類　外周に立石や斜立石をめぐらし、その内部に小さな石を雑然と置いたもの
J類　外周に横立石をめぐらすもの
K類　組石の中央に二本の立石があり、さらに四隅に立石を立て、その間に細長い石を置いたもの

このように、各種さまざまな組石が複雑に配置されており、それぞれの組石には、サークル内での役割があったはずである。しかし、ほとんどの組石が何らかの破壊を受けているために、元の組石の意味を探るのは容易ではない。

この分類をもう少し細かく調べてみることにする。

A類組石

これに属するものは9基となっているが、比較的形が崩れていないのは、組石22号址（A4）と組石23号址（A1）の二つのみである。ほかの組石は相当形が崩れており、図面上からの判断はなかなか困難である。

22号址は、地上約10センチメートル、地下には50センチメートル以上も埋めてある。

また、東西70センチメートル、南北1・2メートルと南北に長い菱形であるが、この組石の原型を想像するのは比較的簡単である。

東西の長さが、南北の長さに比して短いのは、東西方向に地盤の圧縮があったためと見られる。東側の立石を40センチメートルほど東へ戻し、西側の立石も少し西へ移動させる。さらに、南北の石も少しずれているようなので、移動させてみる。すると東西と

A類外帯組石22号址図

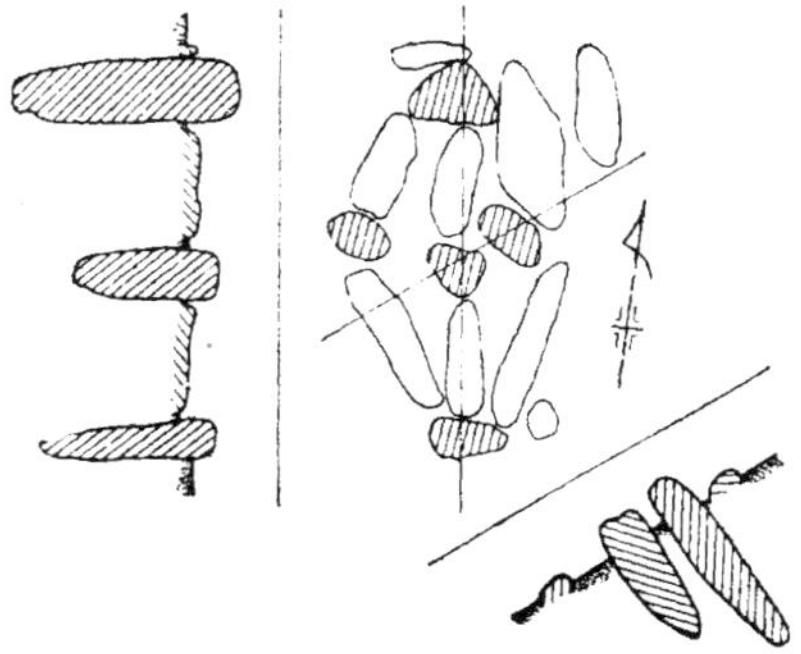

A類外帯組石23号址図

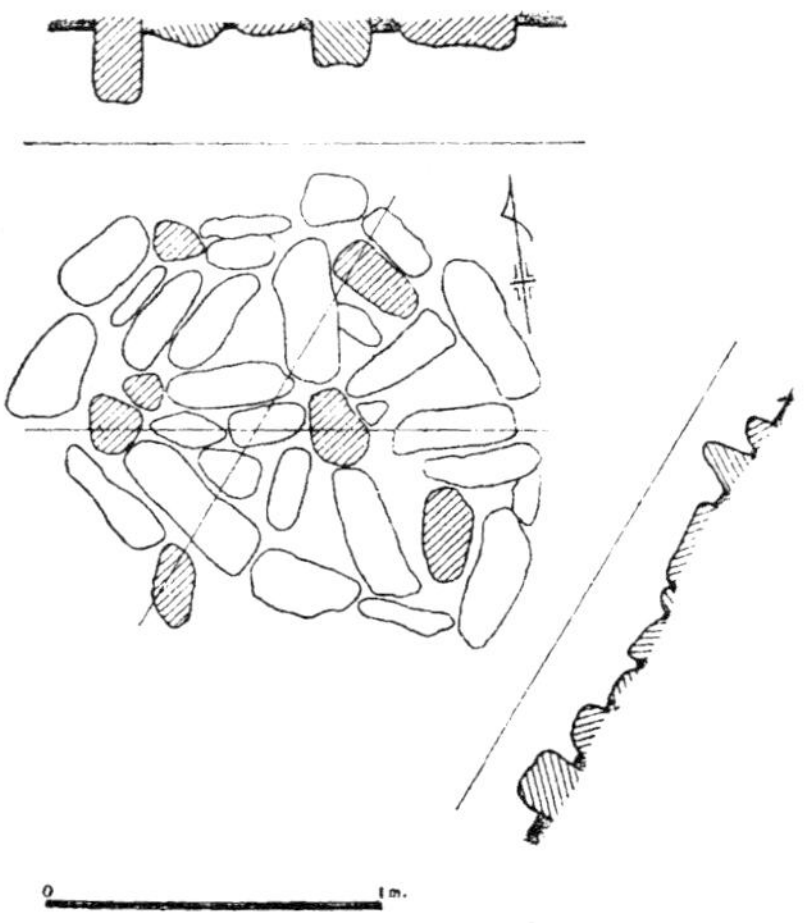

A類原型想定図

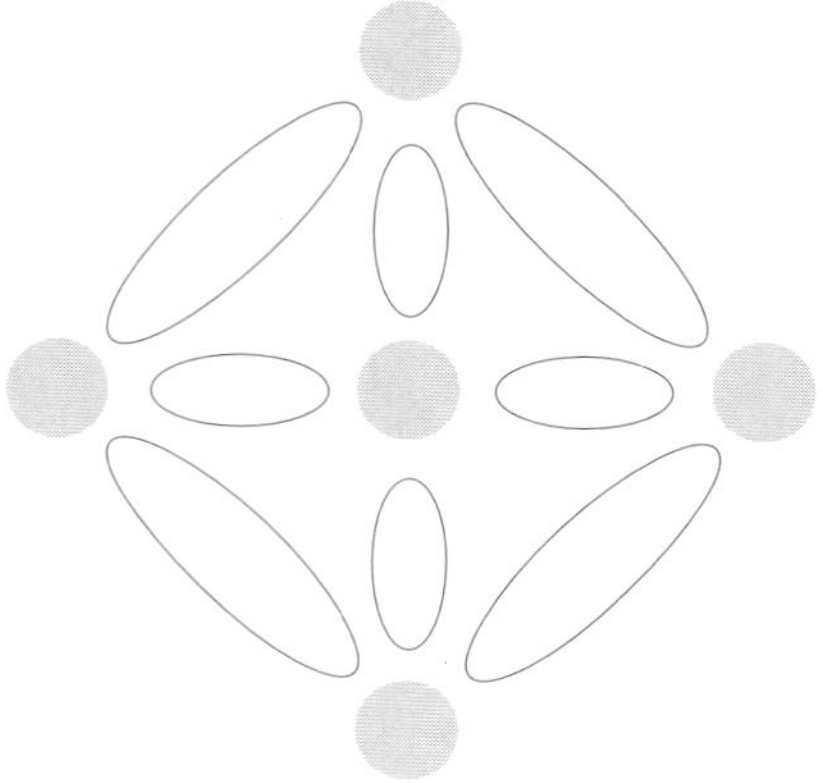

南北の石が、ちょうどバランスのよい菱形になる。この移動に伴って、横長石もそれぞれの頂点にあわせると、美しい形ができあがる。

　中央の立石と東西の立石との間には、本来横長石があったはずであり、ここにそれらを配置すれば原型ができあがる。

　横長石を加えた根拠は組石23号址にある。23号址は22号址よりも複雑な形をしており、石数も多い。また、中央立石に対して、外側の立石は、五ヵ所ある。正確には、二本が西側の同位置にあるので、これを六本と見るか、五本と見るかは判断が難しい。なお、東側は一本欠落している可能性がある。

　かつて、横長石は、中央立石から計六本の外縁の立石に向かって、放射状に配置され、また外縁立石をつなぐ周縁を形成するように配置されていたようだ。外縁立石の数が、昔のままと仮定すれば、正六角形の組石であったと言える。

　この他、A類に分類されている組石には、5号址、13号址、17号址、20号址、39号址があるが、いずれも原形をとどめているとは言い難い状態である。ただ、西南部にある組石40号址は比較的大型で、中央立石から周縁部への放射状の横長石や、外縁を形作っている横長石は多少形をなしている。外縁立石は乱れがかなり出ている。

B類外帯組石2号址図

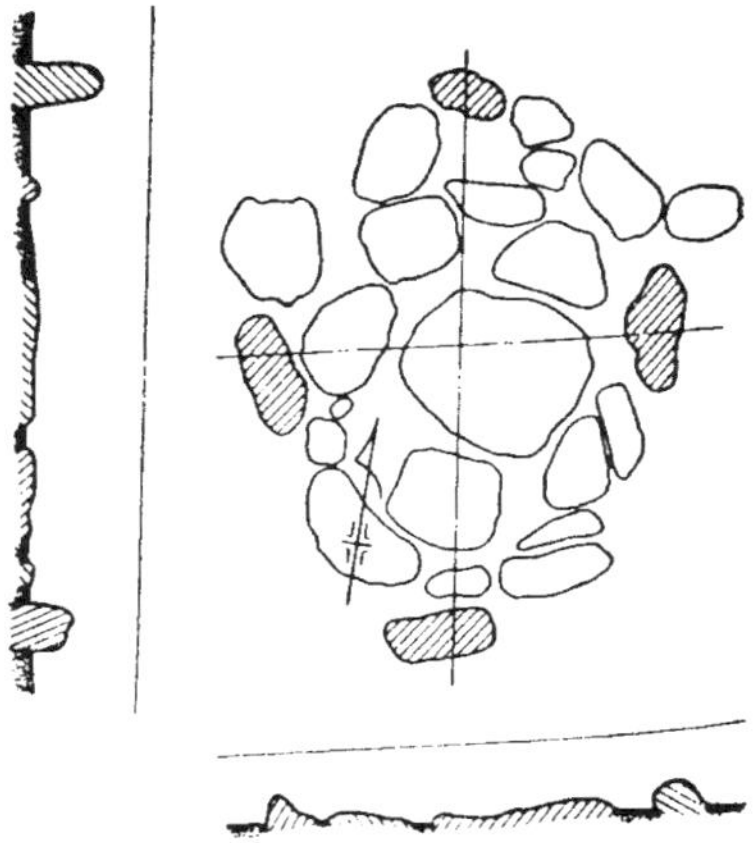

B類外帯組石8号址図

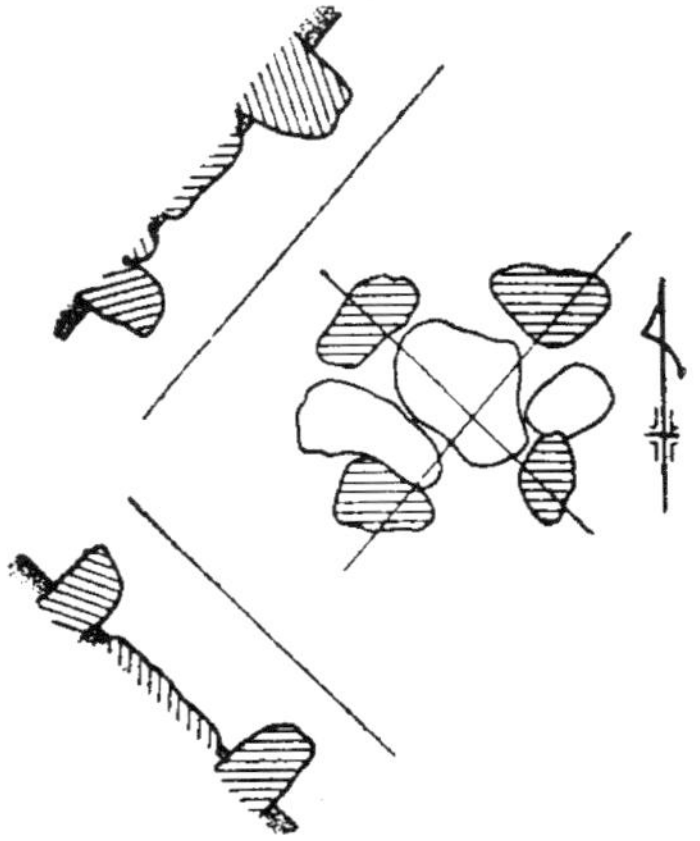

B類原型想定図

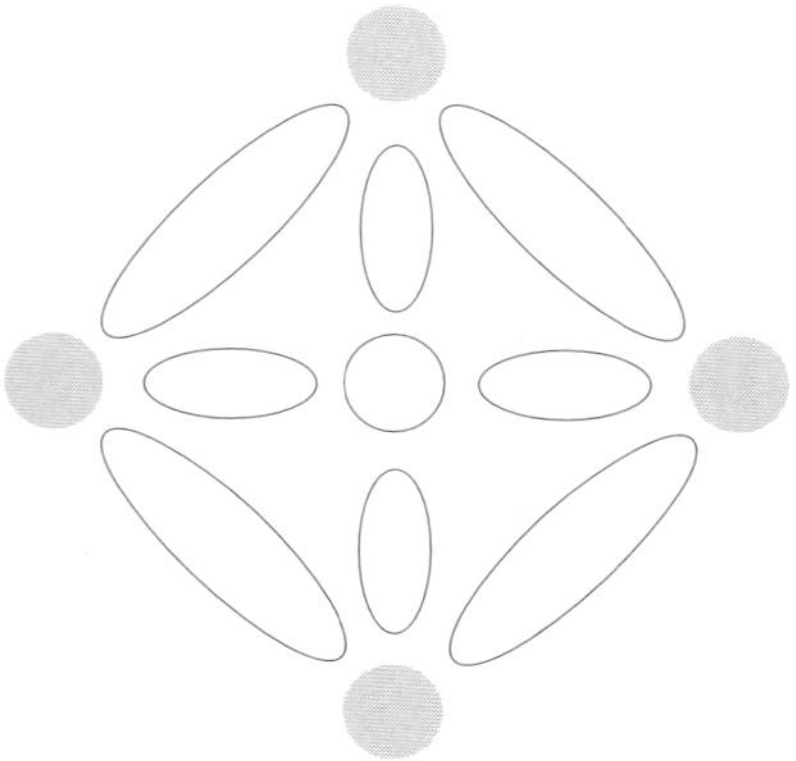

C類組石30号址図

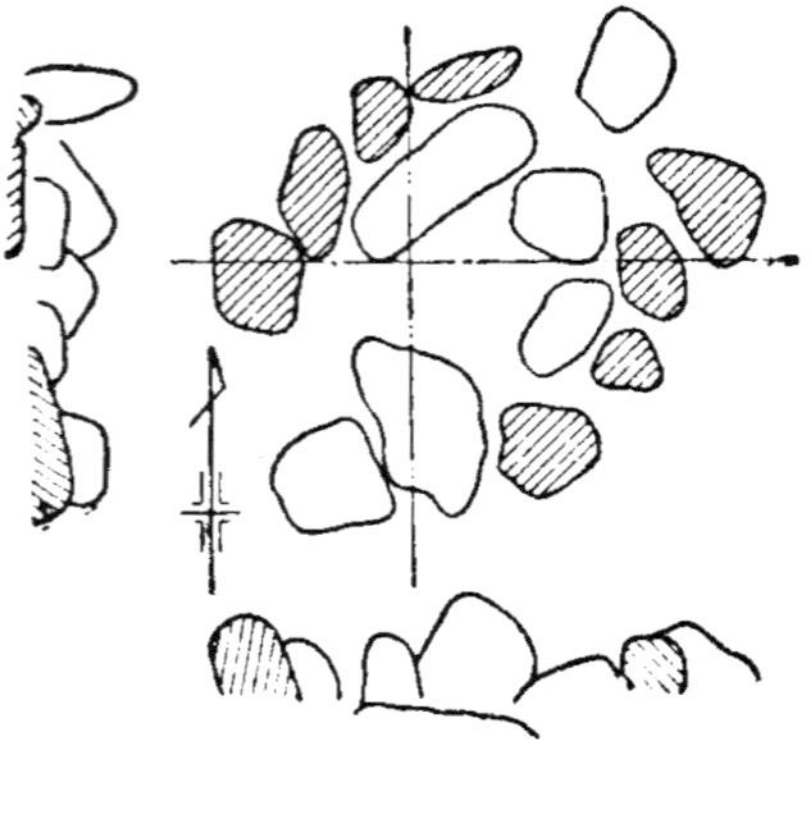

B類組石

B類の典型的なものは組石2号址である。これは東西方向に圧縮を受けているが、一番わかりやすい形状を保っている。8号組石も小型の組石であるが、形状はそんなに乱されてはいない。このB類の組石の一方の立石のラインは、サークル中心を向いていたように見える。この組石は北から北東部のみにあり、ほかの場所では見当たらない。

C類組石

これに属する組石は、A類と同様に9基ある。形状的には非常にわかりにくい配石となっており、かなり大きな配置上の変形を受けているように見受けられる。この配石の

E類外帯組石21号址図

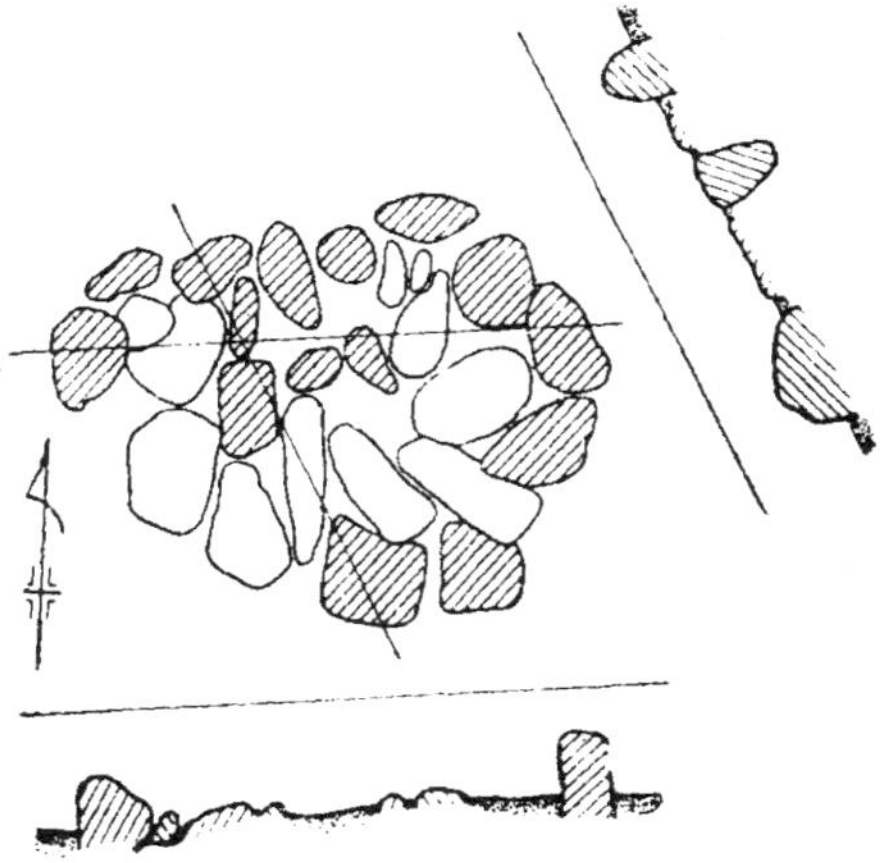

E類外帯組石25号址図

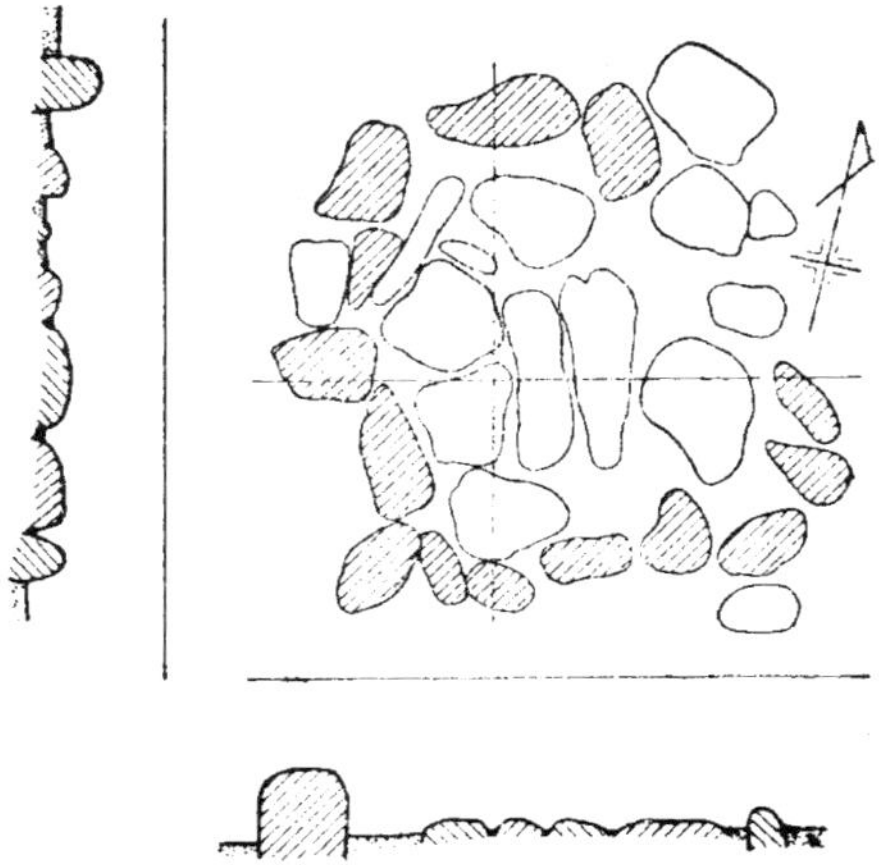

意味を確実に解読するのは、時間がかかるであろう。

E類組石

これに属するものは、7号址、9号址、10号址のほか、21号址、25号址、26号址、29号址である。外周に立石を立てめぐらせたものであるが、比較的わかりやすいものは、21号址と25号址である。わかりやすいといっても、形は相当崩れている。

G類組石

比較的大型の組石であるが、かなり原型を損じている。特に組石12号址では、内部にあった平石、横長石は9個であるが、大小さまざまである。

H類組石

この例は組石16号址のみである。立石、横立石の数は9個で、大小さまざまである。

J類組石

ここに区分される組石は合計6個あるが、いずれの組石も原型から大きく崩れている。

K類組石

この例は1個のみである。外周の立石は、計6個あるため、元の形は六角形をしていたのかもしれない。

G類外帯組石12号址図

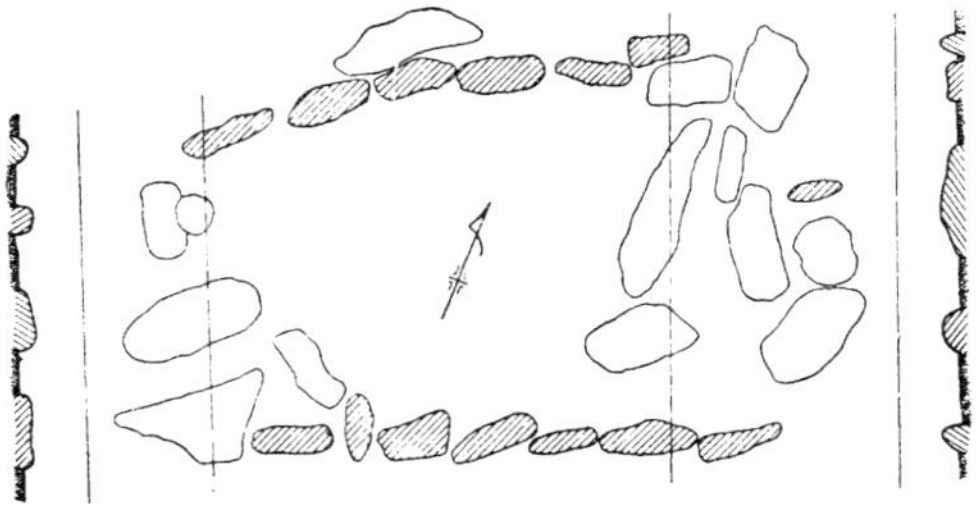

H類外帯組石16号址図

A類外帯組石20号址

J類内帯組石44号址図

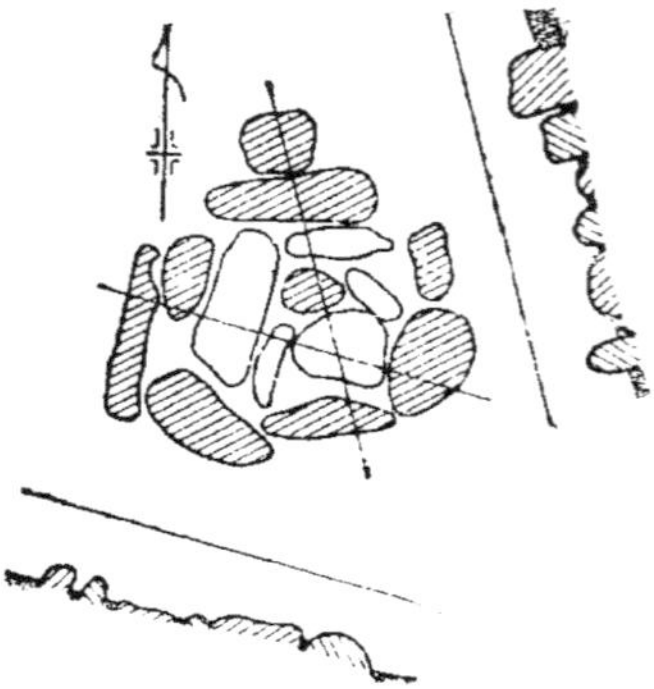

A類外帯組石20号址図

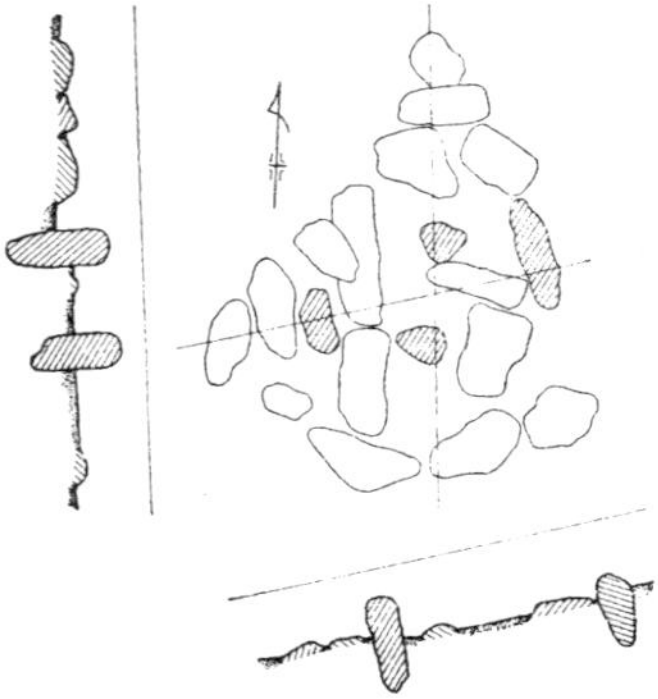

なお、A3組石に分類されている20号址の中央部に、三本の立石が元はほぼ正三角形状に立っていたと思われる写真があり、この例はあまりないので、K類組石11号址と共に注目してる。

万座遺跡の内帯組石は、その形態を区分できるものが、わずか4基にすぎない。そのほかは破壊されている。この4基のうち、3基までがJ1型組石である。

外周に横立石をめぐらせているというJ類の特徴を比較的残しているのは、42号址と44号址である。

45号址はA1型に分類されているが、これも配石が原型よりかなり移動しているようである。

野中堂遺跡・外帯組石と内帯組石

野中堂遺跡は、万座遺跡に比べて著しく組石の数が少ない。持ち出された組石の数が非常に多いということである。報告書によると、昭和二十六年に調査したところ、前回の調査（昭和二十一年）で確認できた遺構の半分も残っていなかったそうである。したがって、どのような組石であったかを知る手掛かりも少ないが、組石の形式が識別できるものについて、取り上げることにする。

外帯組石7号址（B1式）

四方に横立石を立て、内側に斜め立石を並べた形になっているが、実際には、横立石が1個欠落している。本調査区分にはないが、3個の横立石で構成されていたのかもしれない。

外帯組石13号址（B2式）

小型で、径70～80センチメートルの不整円形の平面形の組石である。周縁の四至（東西南北）に柱状立石を立て、内側に平石を置いたもの。４本のうち１本が欠落している。

外帯組石22号址（J1式）

周縁に横立石を立てめぐらせ、内側に斜め立石を3個配している。この遺構は、昭和二十一年度の調査の際には、完全に残されていたが、二十六年度の調査では、東端の周縁

外帯組石7号址図

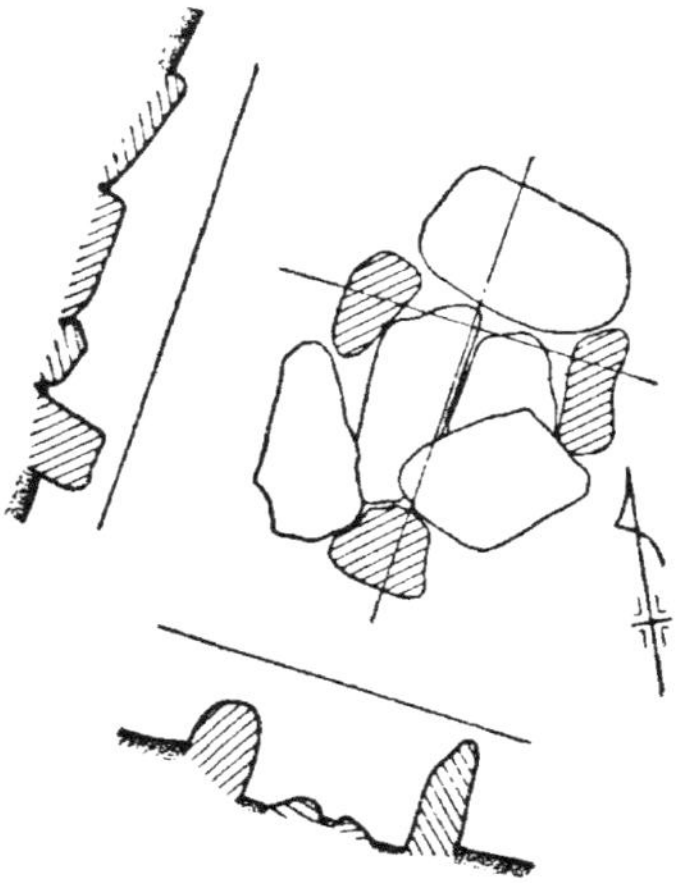

外帯組石13号址図

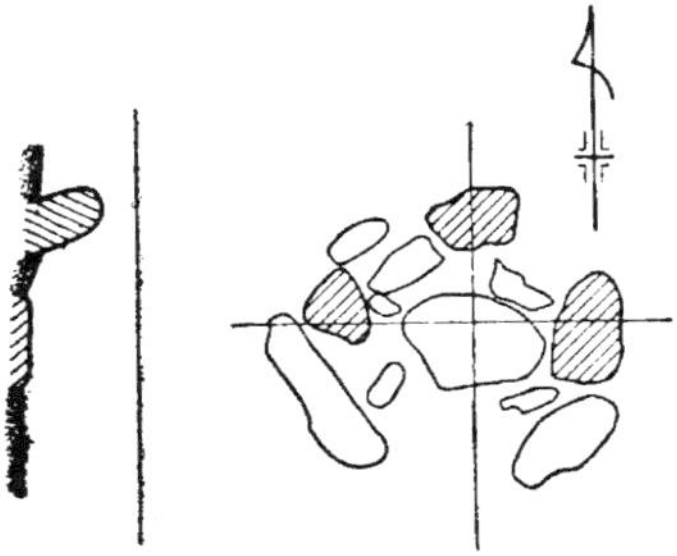

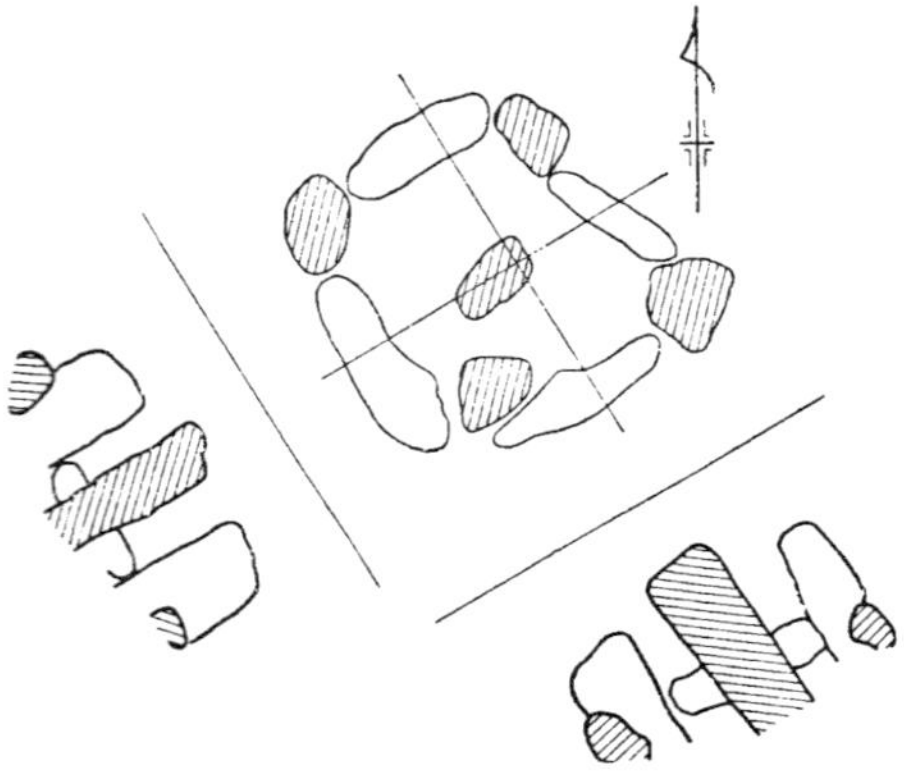

内帯組石1号址図

が欠けていた。当初の形は環状になっていた模様である。

内帯組石1号址（A5式）

四極に柱状立石があり、それぞれを連ねるように横長石を置き、四角形の輪郭を造っている。ただし、内側に配石がないので、万座のA5式とも異なる特殊なものである。

内帯組石3号址（A1式）

昭和二十六年の発掘により、新たに姿を現したものである。いわゆる日時計式のもので、報告書では、「大湯遺跡が最初から学術的な発掘によったものであったら、すべてこのように整った形で出土するのかもしれない」と喜びと哀しみ両方を表現している。

中央の柱状立石を中心として、横長石が八方に向かって放射状に配されており、さらにそれを囲んで、周縁に横立石をめぐらしている。径1・3メートル近くもある不整円形の平面図を有するものである。

ただし、地盤の変動を受けており、周縁部の形も、かなり変形しているようである。

また、地下発掘調査もなされており、小判型の竪穴（南北1・25メートル、東西70センチメートル、深さ40～50センチメートル）が発見されている。

内帯組石3号址図

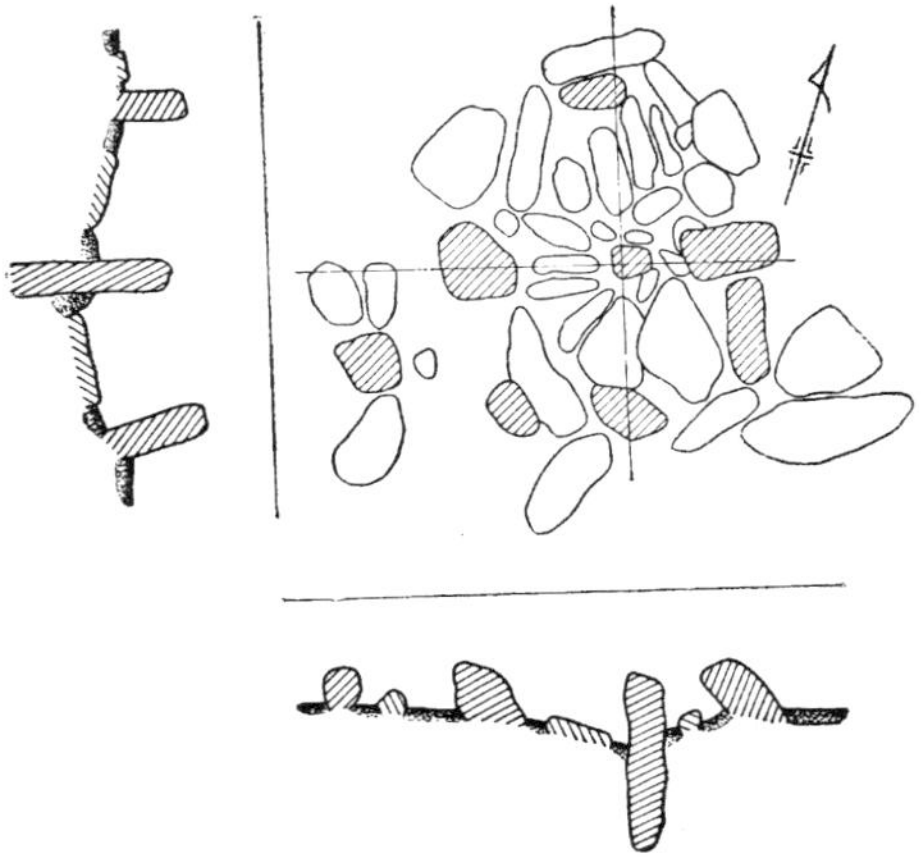

内帯組石3号址　竪穴図

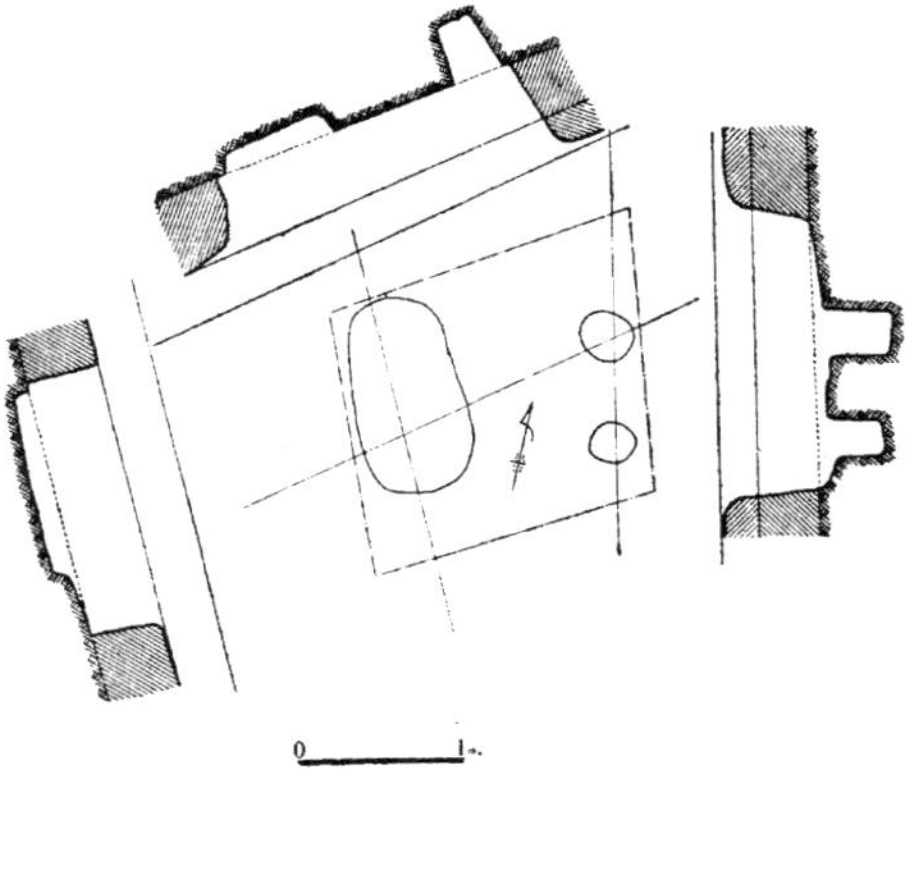

野中堂遺跡のもう一つの特徴は、中心から南に当たる外帯に、このサークルから外れるように、点々と石が散らばっていることである。この部分は石を持ち出そうとした者が、運びきれずに置いていったものか、あるいは元々、この方向には、何らかの意図があって、配置されていたものなのかは明らかではない。

さらに、これらの石が単なる平石なのか、横立石なのかについても、明らかにされていないので、これ以上追求しないが、もし、これらが横立石のようなものであれば、その設置目的については、興味あるアプローチができそうである。（野中堂遺跡全体図参照）

野中堂遺跡の内帯組石

万座遺跡・野中堂遺跡の元の形は？

これまでは、昭和二十六・二十七年の発掘調査報告書を主体とした、大湯環状列石の実体調査の結果をふまえて、できるだけその事実を紹介してきた。

少しだけ、私の意見として追加したのは、人手による荒廃、つまり持ち去られた組石や、配石の移動などによる遺跡の荒廃のほかに、地形、地殻の変動による配石の変化が、意外に多いと思われる点である。

この地形、地殻の変動は、現在までに十四回もあったことが、地質調査の結果判明している。六回ほどの沈降と隆起を繰り返し、その間に、何度も火山噴火による降灰があったことから、ストーンサークルの組石に相当大きな変化を与えてきたであろうことが、容易に想像できる。

その中で、万座遺跡及び野中堂遺跡で、日時計と呼ばれている組石遺構だけが、ほとんど原型に近い形で出土したことは、不思議というほかはない。人手による荒廃がなければ、ほかの組石の中にも、原型に近いものがあったとは思うものの、現存するこの二つの日時計組石は際立っている。

さてこれからは、荒れ果てた組石が、かつてはどんな形をしていたかという話に踏み込んでいきたい。私の独断的な発想に基づく、遺跡調査とは異なった観点からの話であることを、充分ご理解いただきたい。あくまでも理想的な形はどうであったろうという観点から考えたことで、それぞれ、多少の根拠はあるが、説明するとくどくなるので、そのまま読んでいただきたいと思っている。

その対象としたのは、まず万座遺跡である。その外帯と呼ばれる配石遺構についての考え方から述べることにする。

外帯配石は、大きく十六のグループから成っており、その一つ一つが小ストーンサークルを形作っていた。（調査報告書の区分にはないが、この組石をA、B、C……P石群と呼ぶことにする）これはまた、何種類かの各種組石で構成されていた。十六菊花弁と同様である。（今回はこの問題には触れない）

内帯も同じように十二の小ストーンサークルから成っていたが、外帯とは異なり、一つの小ストーンサークルが、各種の組石を含むことはない。

外帯の小ストーンサークルの構造を推測するのに、参考になるのは、組石1号から7

万座遺跡外帯A～D石群の概略図

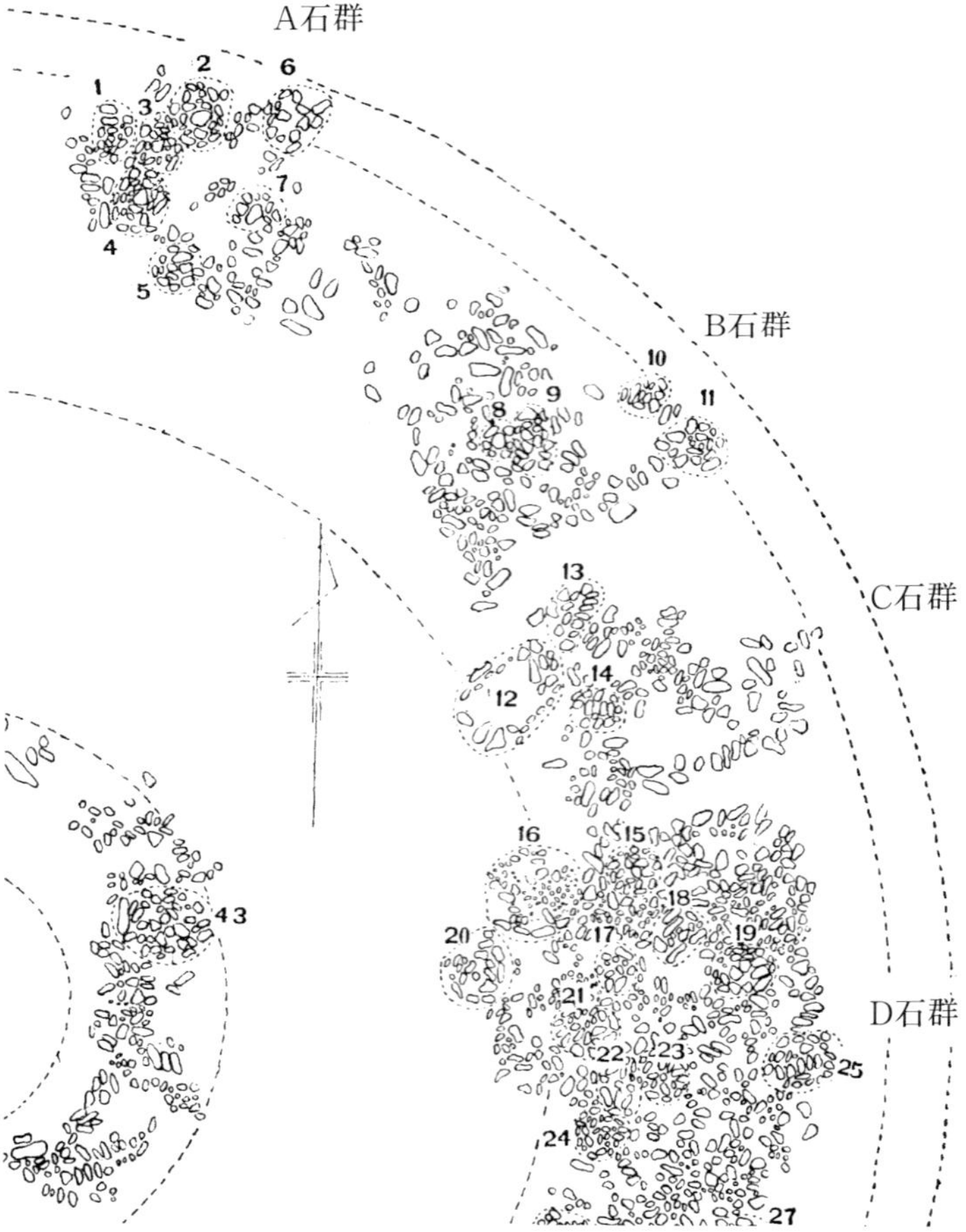

号までの組石を有する石群と、組石15号から23号までの組石を持つ石群である。前者をA石群、後者をD石群と呼ぶことにする。この二つの小ストーンサークルの間に、さらに二つの小ストーンサークルが存在しており、それらをB、C石群と呼ぶ。

A石群

この石群には、組石として分類されているものが七組ある。そのうちの一つは、形が崩れすぎているため、この検討から外すことにした。できるだけ原型を再現したかったからである。

1号址から3号址までは、B2形式に分類されている。このB2形式は四方に立石を配し、中に平石を並べたものである。

1号址は、原型から西側の立石が東へ移動しているが、判別しやすい配置を残している。2号址はより原型に近く、B2形式の標準のような立石配置である。3号址はだいぶ形が崩れており、B2形式とすると、西側の立石一本が欠落していることになる。

4号址はC1形式に分類されている。C形式は、周囲に横長に平石を並べ、中央に立石を立てたものである。中央の立石を欠いたものをC2形式としてあるが、中央に立石があるとC1形式となる。ただ形がだいぶ崩れており、原型を想定するのは少し苦労で

万座遺跡外帯A石群

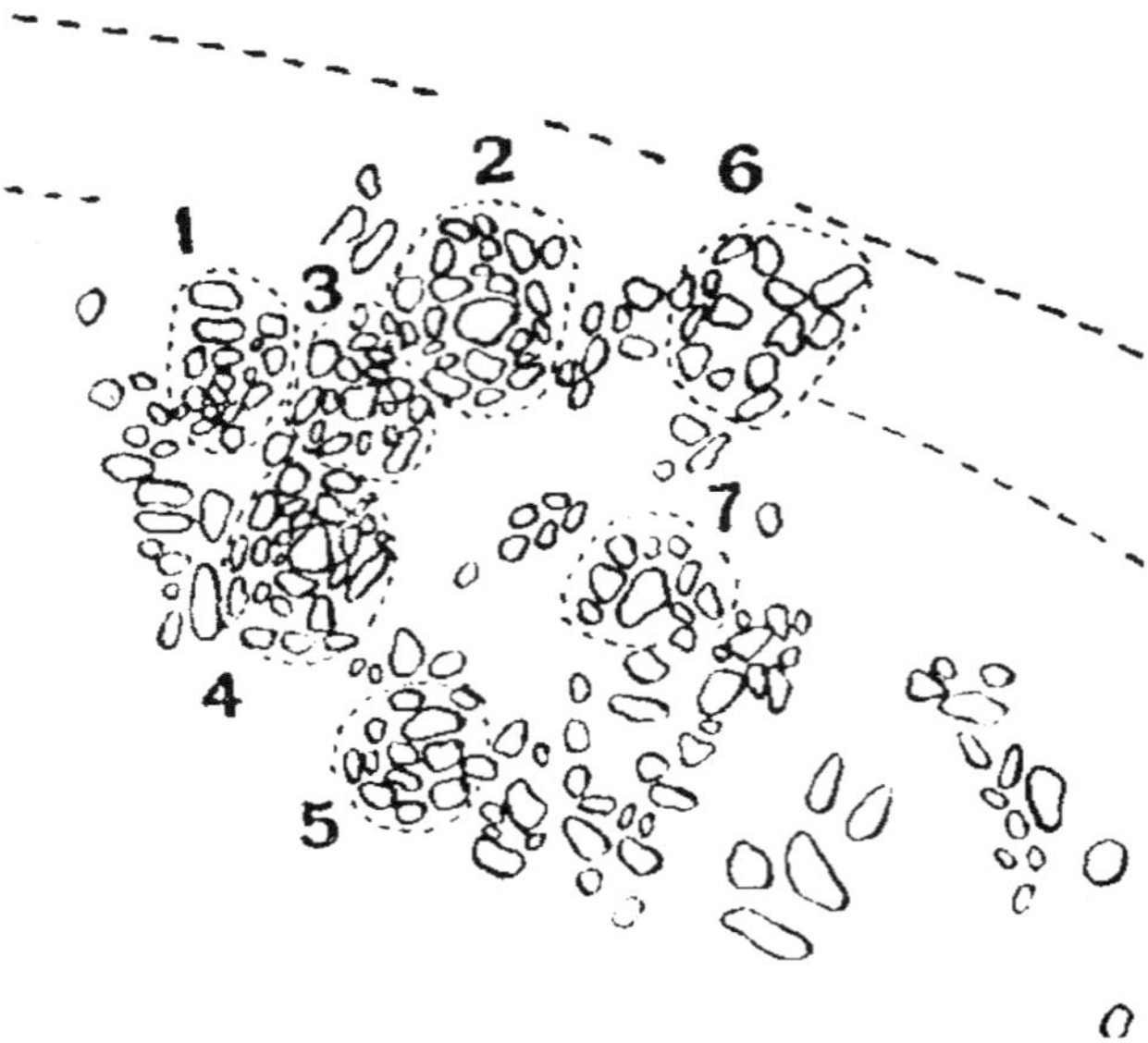

ある。この組石の説明文には、「周囲に横長に平石を立て並べ」と記されているが、実測図には、横長の平石が横立石と受け取れる斜線の入った石で表示されている。（私は図の方が正しいとみて、横立石と考えた）

5号址は、中央に立石が二本並んでいるA2形式のものである。これも周りを囲んでいる平石や立石がだいぶ崩れており、原型とはかなり異なっている。

7号址もだいぶ壊されているが、中央に平石を置き、周

万座遺跡外帯A石群原型想定図

囲に立石を密接に立てめぐらせたもので、E形式に分類される。発掘されたものはその北半分しか残っていない。

以上がA石群で判別できた組石である。A石群は、次に述べるD石群と同様に、小ストーンサークルを成しており、外周に8個、中央に1個の組石があったと考えると、3個が欠落し、1個が大きく形を崩していることになる。また、組石自体が地盤の変動で、全体的に北西の方向へ移動しているように見受けられる。

このような調査をベースにして、A石群の原型を想定してみた。合計9個の組石のうち、判別できるのは6個のみで、残りは空白のままである。

この図を作成するに当たり、どの組石が中央部にくるかを判断するのが困難だった。最初は3号址を中央部にもってきた。現在のA石群の実測図を見て、元はサークルの中央部にあったものが、地盤の変動で外側へ押し出され、1号址をさらに外へ押し出したと考えたのだ。しかし、1～3号址までは、B2形式の組石になるため、再度考え直した。

その結果、中央部にあったものは、C1に分類されている4号址であり、それが移動して、3号址を押しやり、その3号址がさらに1号址を外側へ押し出したとも考えらた。一応、このような考え方でA石群の原型を想定してみた。残り3個の組石は、形が大きく崩れたり、石が持ち去られたりしていて、調査で判別がつかなかったようである。

B石群及びC石群

B石群、及びC石群に組石として分類されているのは、それぞれ4個であるが、その形が崩れすぎており、原型想定図を作成するに至らなかった。この中で、組石12号址は馬蹄形をしており、気になる存在である。この遺跡の中では特異な形なので、発掘調査の際も取り扱いには、相当苦労されたようである。

D石群

この石群付近に残っている石の数が、遺跡の中で最も多い。元々の配石のほかに、さらにほかの石群から運び出すため、一時ここに集められたのではないかと思えるほどである。そのほかにも理由がありそうである。度重なる地殻変動の際、ほかの石群の石がここに集まったとも考えられる。そのためか、元々の配石には、あまり手をつけられずにすんでいる。ただし、ほかの石群からの石が一緒になって、判別に苦労するところもある。

ここでは、組石15号址から23号址まで、9組の配石が識別されている。24号址と25号址はすぐそばにあるが、隣の石群のものではないかと思われる。

この中で、一番多いのがA式組石で5個、J式とE式がそれぞれ2個、あとはE式、H式、C式となっている。

この石群は、A石群とは逆に、ストーンサークルの中心部の方へ石群全体が移動しているように見受けられる。17号址は、元は小ストーンサークルの中心部にあったものがずれて、外側へはみ出したのではないかと考えられる。

この石群の中で、組石の形がまったくわからないものが一つあるが、残りの8個は、A式、C式などに分類されている。

万座遺跡外帯D石群

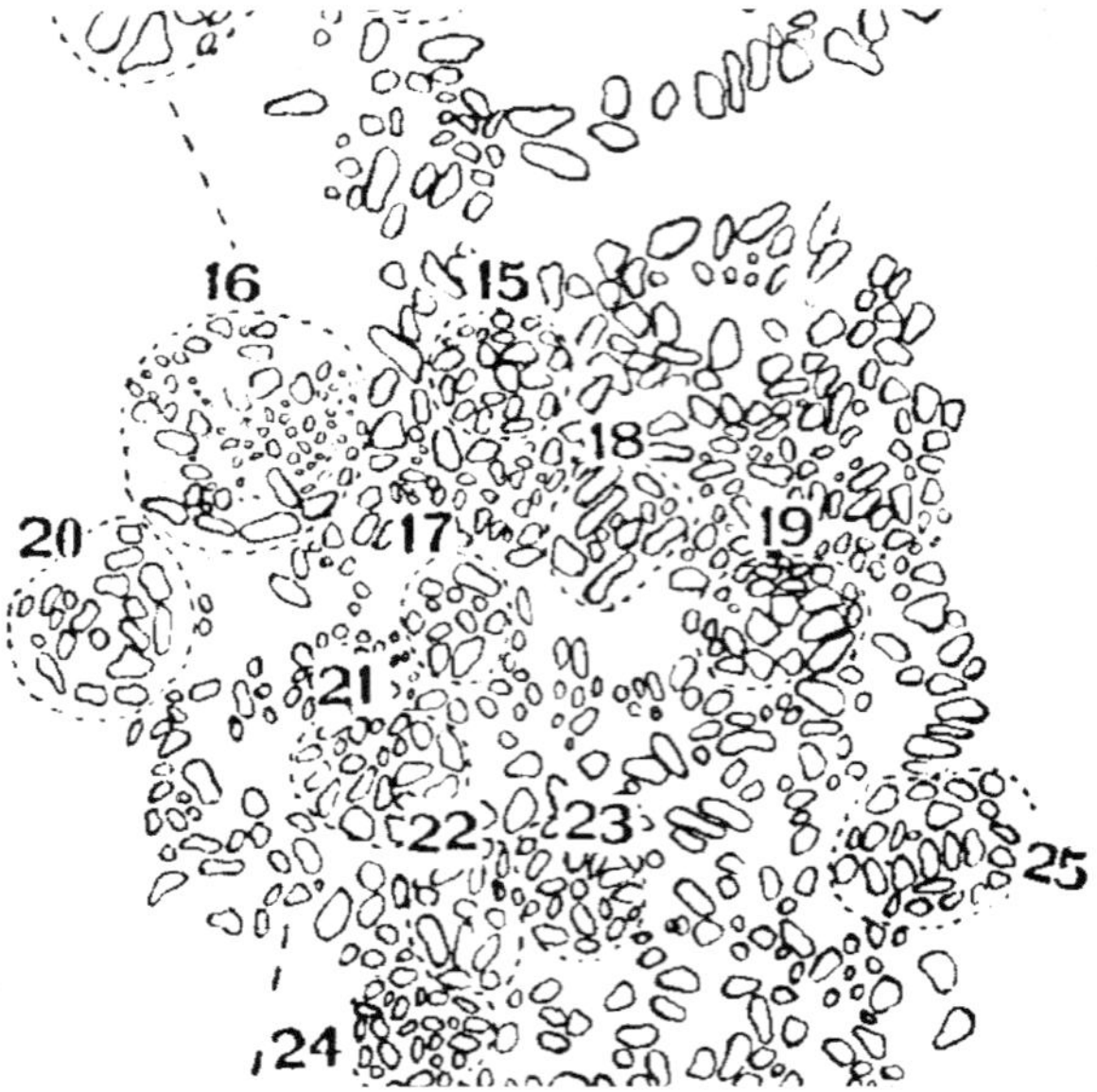

小ストーンサークルは、外帯に当たる部分に8個の組石があり、中心部にA2式組石が配置されていたようである。これとは別に、外帯のみの組石で構成されいた小ストーンサークルの中心部には、組石がまったくなかったのではないかという考え方もある。もしそうであれば、20号址が日時計組石と同様に、別の位置にはみ出すことになるが、後者より前者の考え方の方が、組石としてのまとまりがあるようである。

小ストーンサークルからは

万座遺跡外帯D石群原型想定図

み出して、日時計組石のような位置になる可能性が高いのは、隣の小ストーンサークルC石群の12号址である。

組石実測図をベースにして、それぞれの配置図を私のイメージで書いてみた。各種の組石が集まって、小ストーンサークルを構成しているのである。

この想定図ができあがる前は、もう少し、何か対称的な図形になるのではないかと、予想していたが、できあがってみると、組石7個が違う図形となってしまった。

万座遺跡内帯石群全図

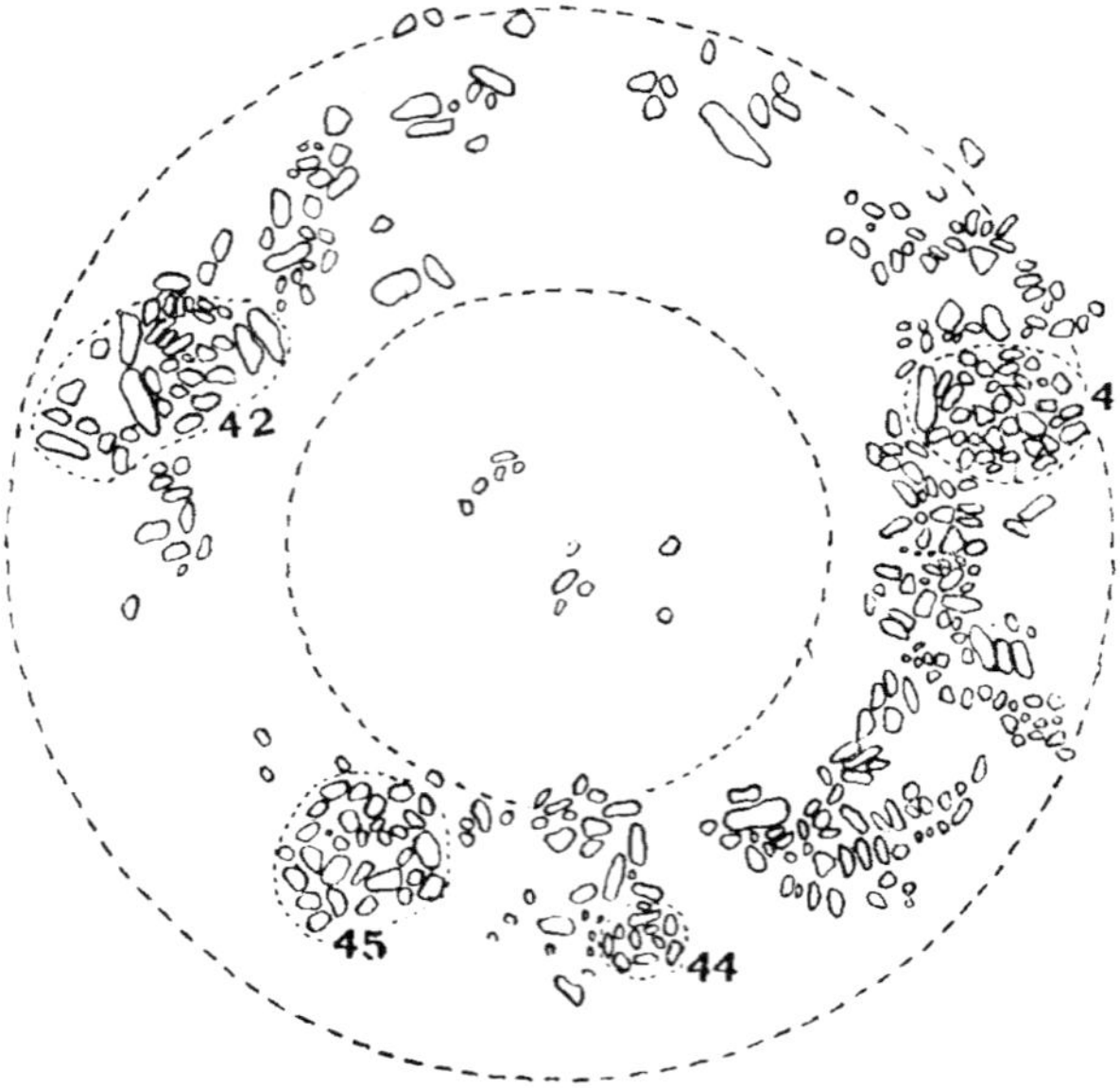

組石・配石の基本部分なので、これ以上の推量はさけて、しばらく、このままにしておきたいと考えている。

万座遺跡の内帯の石群には、一つの特徴が見られる。J1式組石がきちんと配置されているのである。内帯の組石も、相当に荒廃しており、形式を識別できているのは、4個のみである。そのうち、3個がJ1式組石となっており、ほぼ正三角形をなしている。3個のうち、組石43号址だけは約10度ほど東側に移

万座遺跡内帯石群原型想定図

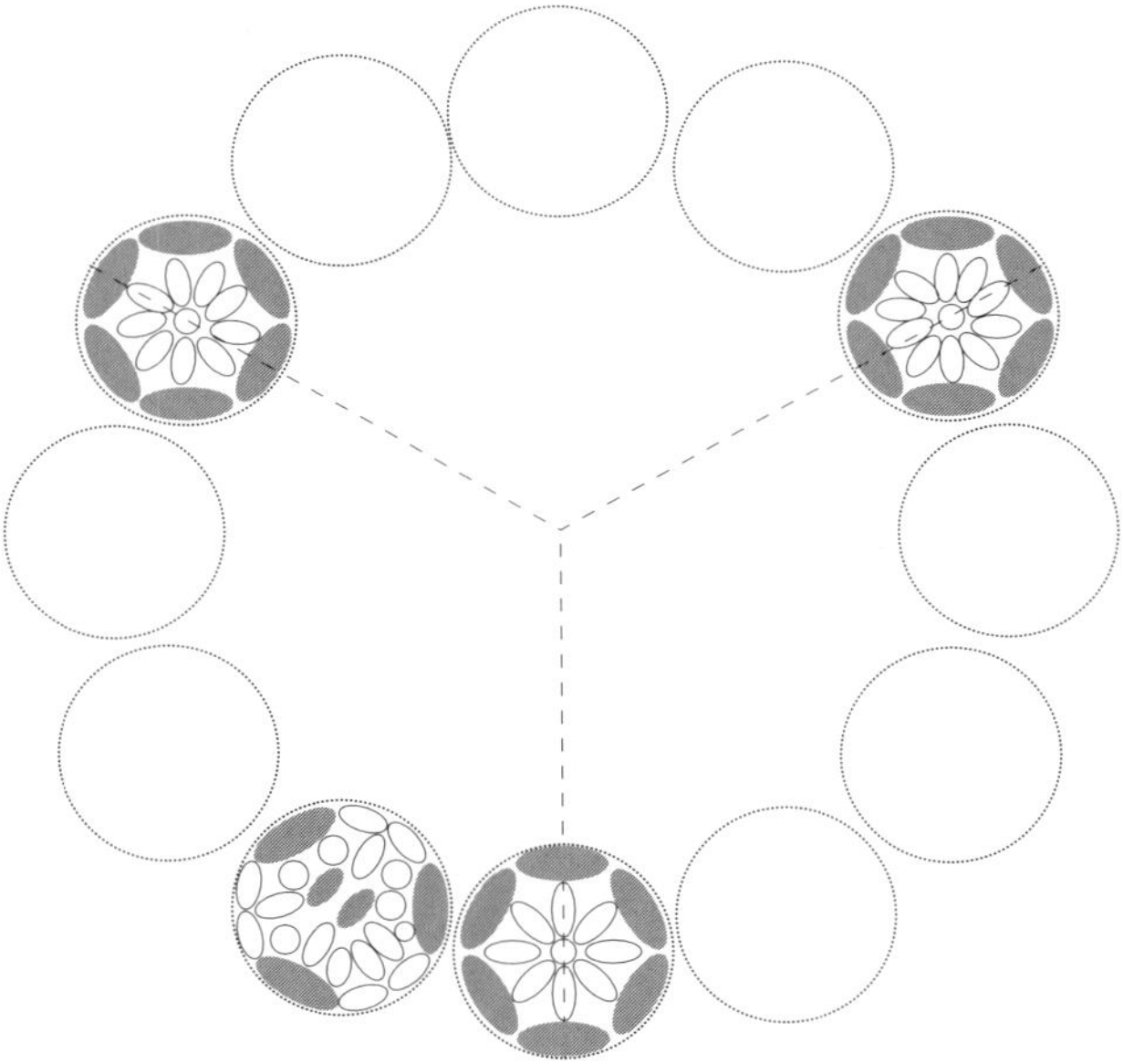

動しているが、44号址は、内帯の円中心から真南１８０度の位置にある。また、42号址は、３００度の方向で、このラインの延長線上には、日時計組石がある。

このように、内帯の石群が、同じ形式の石群で、かつ、正三角形を構成していることは、重要な意味を持つと考えてよいであろう。

なお、これらＪ１式組石の間には、それぞれ3個の別の組石が配置されていたようである。

45号址のみが、Ａ２式組石

と識別されているが、ほかの組石は形が大きく崩れていたり、石そのものが持ち出されたりしていて、どのような配石になっていたのかの判別はつかなかったようである。あえて推測すれば、組石の原型「想定図」の中で「A式？」と記入された組石が、45号址と同型式のものであった可能性はある。しかしながら、残りの6個についてはほとんど手掛かりはない。

また、内帯の中心付近には、数個の石が散在しているので、ストーンサークルは三重構造であったかもしれないのである。

野中堂でも同じような状態になっているが、中心部に散在する石を、組石であったと判断するには、散在している石の数があまりにも少ないため、現時点では三重構造とは考えないでおくことにする。

この調査とは別に『日本の超古代文明のすべて』に「万座遺跡」（鹿角教育委員会提供）として、空中写真が掲載されており、「内帯は正六角形をしているように見える」との説明がある。写真では、そのように見えるが、水野正好氏の調査結果である内帯の組石の数12個とは異なっている。内帯の石はその多くがなくなっているので、この件はなんとも言えない。ここでは、水野氏の調査結果をもとにしている。

以上、万座遺跡個々の石群について推測してきたが、遺跡全体は、どのようになっていたのであろうか。

これまで述べてきたことを総合して考察してみることにする。まず外帯の石群のうち、比較的判別し易かったA石群と、D石群の元の形を想定してみた。(前掲図面参照)

次に合計16個ある外帯石群と、12個ある内帯石群が、最終的にはどんな形であったろうかと考えて、想定図を作ってみた。

そして、なぜこのように大きな円環石群の中に、それぞれ小ストーンサークルがいくつも造られているのであろうか、また、なぜ幾重ものストーンサークルとなっているのであろうかと考えてみた。そこには、何か基本的な設計意図がなければならないのである。いろいろ考えているうちに辿り着いたことは、この組石は、基本的には潜象エネルギーの円環流場を創り出すために、建設されたのであろうということであった。

外帯のA石群やD石群は、一つのユニットであるが、これらが遺跡のサークル内の外帯や内帯として組み込まれたときには、この形の組石を連続して配置することにより、一つの小ストーンサークルに小さな渦潜流を発生させ、その連続が大きな円環潜流場となるのである。つまり、小さな渦の連続が一つの大きな渦潜流となるのである。

その根拠は、ここの石群に用いられている石には、石英が含まれていることである。

万座遺跡全体図

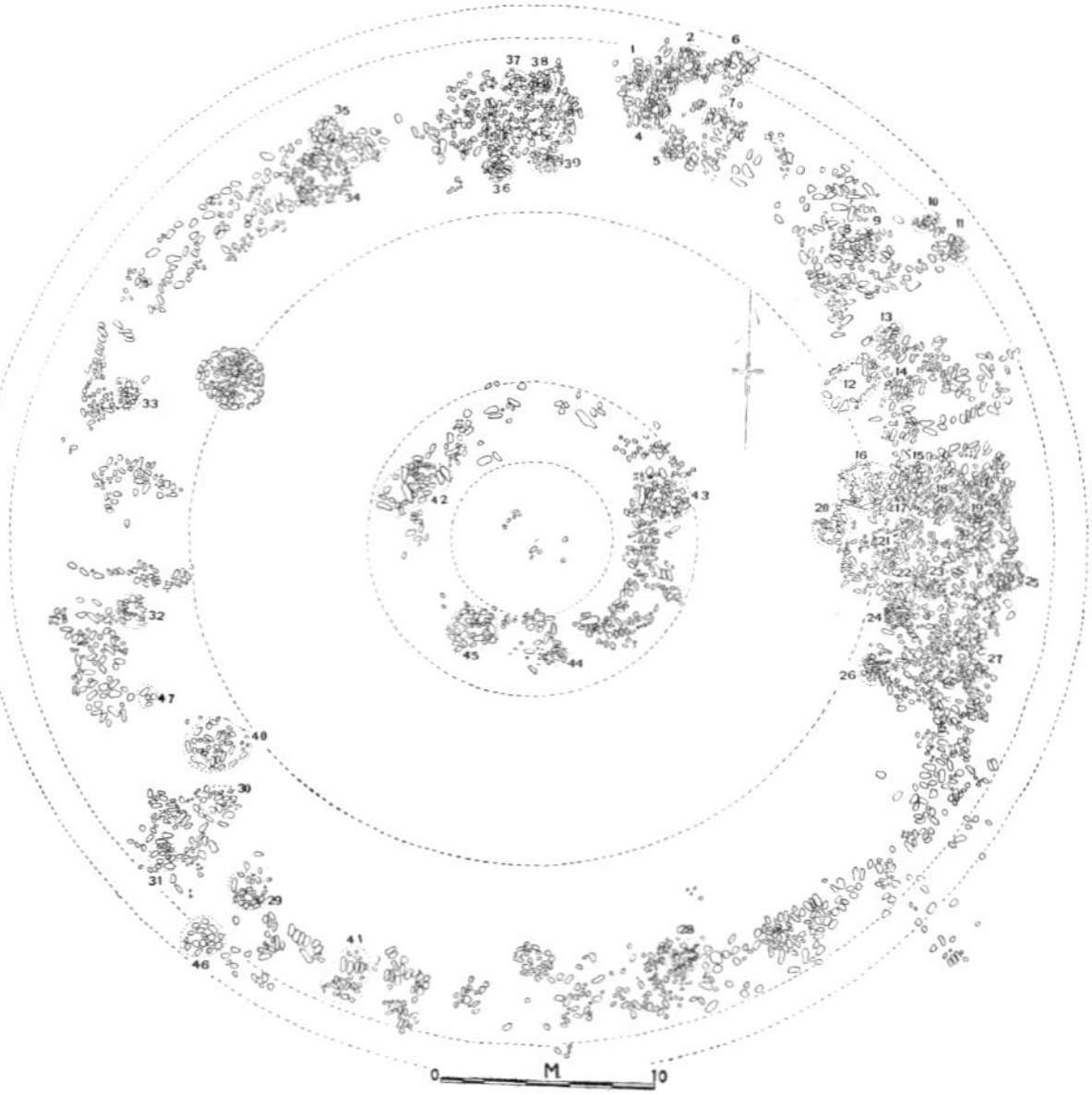

前著でも述べたが、潜象エネルギーを集めるには、石英が必要なのである。これには、スタティックな（静的な）潜象エネルギーの場を、ダイナミックな（動的な）潜象エネルギー場へと変換する働きがあると考えられる。

自然界には、このようなものはないが、人為的なやり方としては、このようなものであろう。宮崎町や湯殿山のように、正三角形になっている山があれば、そこには自然に潜象エネルギーの回転場ができるが、人工的に創り出すに

万座遺跡原型想定図

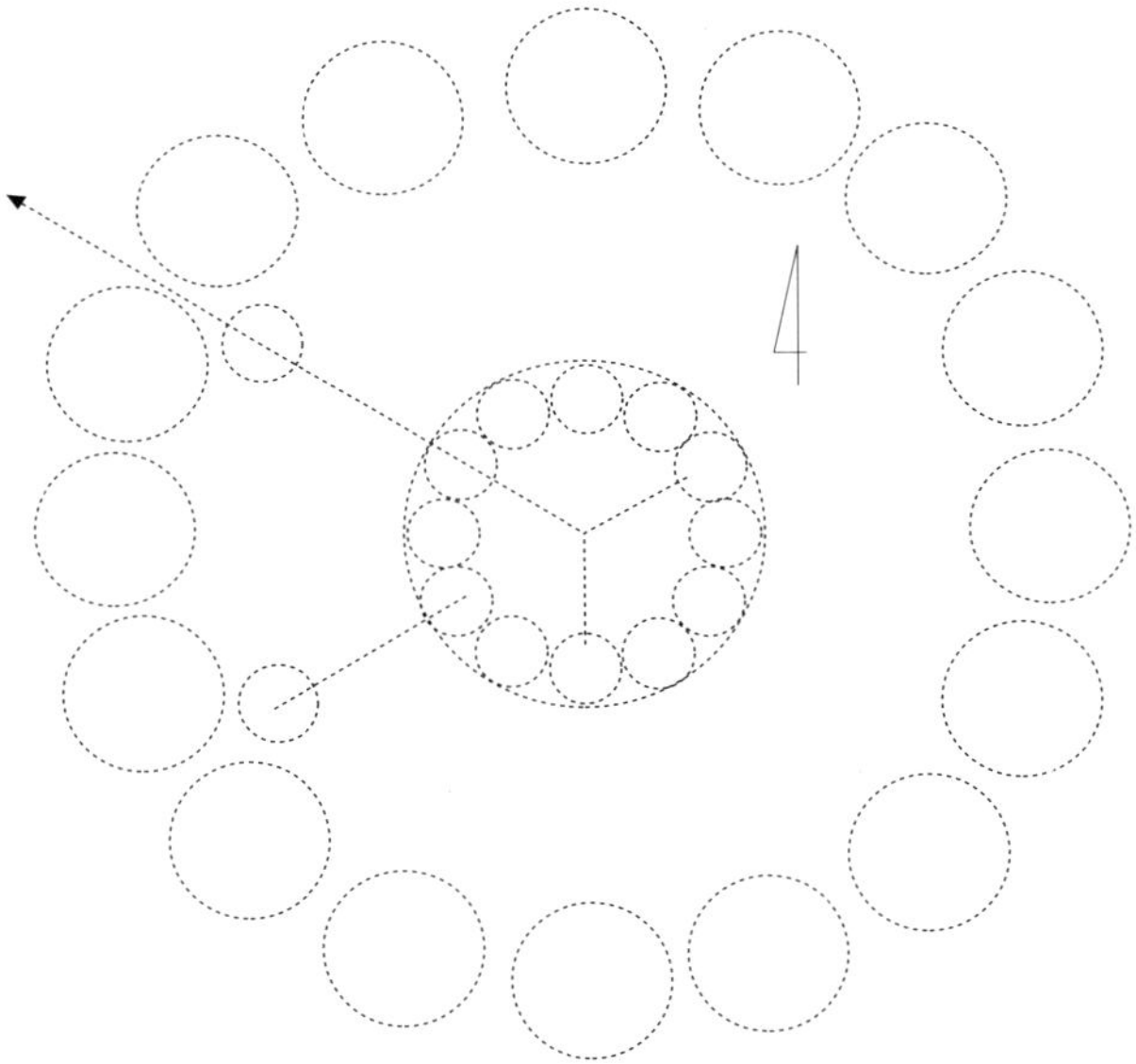

はこうするのである。

組石一つ一つは、スタティックなエネルギーを集めることはできても、ダイナミックなエネルギーにはならない。少なくとも、人が動力源として利用するならば、つまり、現代の電気と同じような利用の仕方をしようとすれば、ダイナミックなエネルギーに変換しなければならない。

そのためには、何らかの手段が必要である。例えば、潜象エネルギーの回転場を造り上げておくことが必要であろう。大湯のストーンサークルを見ていると、その仕組みがなんとなく見えてくる気がする。

野中堂遺跡は荒廃が甚だしくて、サークルを構成する組石のほとんどが、元の形を失っている。特に外帯の組石は、万座遺跡のようにいくつかの石群にまとめることすら、不可能な状態である。したがって、外帯組石を小ストーンサークルに区分することはできなかった。

わずかに個々の組石としては、6号址、7号址、及び13号址が、形は崩れているが、原形を留めている。

また、内帯の組石では、1号址、2号址、及び3号址が原型に近いようである。この中で、3号址は、昭和二十六年の発掘調査によって、新たに姿を現したもので、A1形式に分類されている。この組石は、中央に柱状立石があり、それを中心として、八方に放射状に配された横長石があり、さらにそれを囲んで、周縁に横立石をめぐらせているものである。

この組石遺構下の発掘調査が行われ、小判型の竪穴のあることが確認されている。この竪穴の中からは、人骨はもちろん、副葬品らしいものも発見されていない。また、祭祀遺跡と考えられるような積極的証拠となるものもなかったようである。

このことは何を意味することになるのであろうか。

私には、上部の組石と併せて、一つの物理的現象を創り出す装置の一部であったように思えてならないのである。

電磁気回路では、コイルとコンデンサを組み合わせて、発振器を構成させる。周波数が高いマイクロ波以上では、その代わりに空洞共振器を用いる。これは導波管の両端を導体壁で短絡したものである。この空洞には、方形、円筒など、いろいろな形のものが用いられる。この組石下の竪穴のように、小判型はないが、潜象エネルギーの世界でも、同じ目的ではなかったかと思われるのである。

この竪穴の調査では、野中堂遺跡で四ヵ所、万座遺跡で七ヵ所、小判型の竪穴が発掘されている。

野中堂遺跡でも、万座遺跡においても、小判型の竪穴のほかに、大小さまざまな形の円形の竪穴や、小判型に付随した特殊な形の竪穴も発見されている。それらは、空洞共振器で用いられるバンドパス（帯域通過）フィルターや、バンドエリミネーター（帯域阻止）の考え方に似ているように思える。

電磁気の分野で、マイクロ波というのは、電磁波の波長が1メートルから1センチメートルぐらいまでであり、可視光線の波長よりだいぶ長い波長である。（『マイクロ波・

光工学』、宮内一洋・赤池正巳・石尾秀樹共著、コロナ社）

ここに述べた、野中堂遺跡内帯組石3号址の下にあった小判型竪穴は、南北1・25メートル、東西70センチメートル、深さ40～50センチメートルほどのものである。ほかの組石下の竪穴も、1メートル前後である。

マイクロ波の共振器としては、二分の一波長の共振モードで使うことを考え、仮に、同じ理論を潜象波に用いてみれば、ここでの潜象波の波長は、竪穴の長さの二倍ということになる。ただし、小判型という特殊な形をしているので、マイクロ波とは多少異なるところがあるかもしれない。

なお、電磁波の波長と比較した場合、この竪穴の長さは若干長く、準マイクロ波であるメートル波の領域に対応していると推測される。

このように考えてゆくと、潜象エネルギーが、可視光線の波長に対応する潜象光の領域から、電磁波の一部であるマイクロ波の波長の領域まで、連続して存在しているのではないかという推論が成立しそうである。

この波長の領域になると、潜象光とは波長がまったく異なるので、目を閉じても潜象光のように視えることはない。別の潜象エネルギーということになるのである。

電磁気の分野では、このあたりの波長のものは通信用がほとんどである。一方、潜象エネルギーの世界では、この領域のものを、通常私たちが電力として使用しているのと同様の利用の仕方をしていたのではないか。

黒又山頂上付近の地下10メートルで発見されたという「謎の地下空間」の一辺の長さは約10メートルということなので、これまでのところ、ストーンサークルの竪穴が、仮に空洞共振器的な機能を持っていたとしても、直接は結びつかない。黒又山の地下空洞が、空洞共振器的な働きをしていると考えても、波長が一桁違うからである。しかし、ある程度、似通った発想のできる範囲に近づいてきている。

野中堂遺跡の日時計組石は、万座遺跡のサークルの中心方向（３０３度）に向いている。しかし、かなりの地殻変動を受けながら、位置関係は、本当に変化がなかったかと問われると、百パーセントの確証はない。この日時計組石も、万座遺跡の日時計組石と同じ方向、つまり、３００度の方向を向いていた可能性もないとは言えない。しかし、二つの遺跡の関連性を考えるとき、これまで述べてきたように考える方が妥当であろう。

また、野中堂遺跡の日時計組石が、外帯組石に近接していた可能性は、非常に小さいと思われる。つまり、この位置から考えると、二つの遺跡は、大きさだけでなく、構造も異なっていたと考える方がよいと思う。

万座遺跡・野中堂遺跡の大きさ

さて、遺跡全体の大きさはどうであったろうか。本来であれば、もっと前に述べるべきであるが、両遺跡の原型を検討してからの方が、繋がりがよいので、ここに記すことにした。

まず、万座遺跡の外帯や内帯の大きさがどうなっているかを、発掘調査報告書より整理してみた。

その中で、万座遺跡については興味のある数字を示しているのである。サークルの中心から、内帯の内側までが約4メートル、内帯の幅が約4メートル、内帯外周と外帯内周の間が約8メートル、外帯の幅が8メートル、そして約2メートルの外環があると述べてある。また、日時計組石は、外帯の内周線上に、その中心が位置している。これを直線上に並べてみると一八六ページの図のようになる。

この計測結果をみると、ストーンサークルを作成する際、何らかの計算された意図があったことを感じるのである。

（1）内帯の幅4メートルに対し、外帯の幅が8メートルと二倍であること。

（2）サークル中心のからの半径が内帯の内周4メートル、外周8メートルに対し、外帯内周の半径が16メートル、外周までが24メートルとなっている。これをそれぞれの中心線で比較すると、内帯が6メートル、外帯が18メートルとなり、外帯の半径は内帯の半径の三倍になる。

（3）内帯と外帯の面積比は、内帯の約150平方メートルに対し、外帯は、約1005平方メートルである。これは内帯の約6・7倍に当たる。なお、最外周については、組石の一部が、外帯外周からはみ出している部分であるので、これは地盤変動の影響ではないかと思われる。つまり、外帯外周で、このストーンサークルは、完結していると考えられる。この外帯外周と最外周との間の2メートルについては、最初の発掘のとき、盛土されたようであり、元々高くなっていたわけではないそうである。もし、最初から盛土があったのであれば、別の考え方も出てくる。

一つの仮定ではあるが、この外帯に潜象エネルギーが集まったものとして、それが内帯に伝えられた場合、どのようなことになるかを考えてみた。

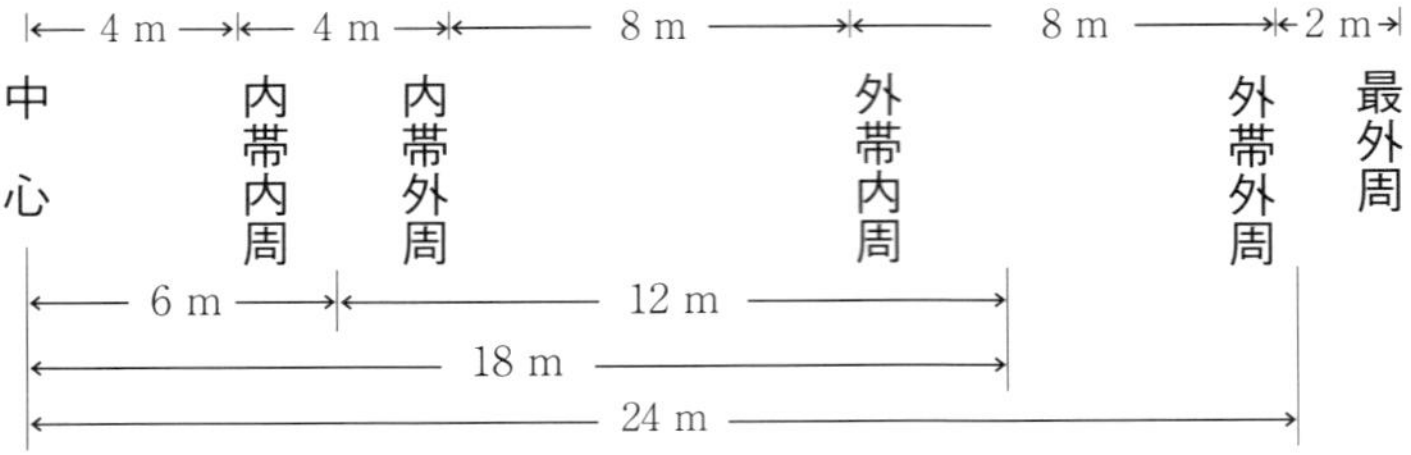

ごく単純な計算であるが、両者は面積比で約1対6・7になるので、これがそっくり内帯に移されたとなると、約7倍弱の高潜象エネルギーになる。転換損失があったとしても、内帯は外帯の数倍の高潜象エネルギー場となる。さらに、外帯でエネルギーが回転していたとなると、円周比が3倍なのでこれを乗ずると、約20倍になる。

もう一つのファクター（要素）は組石の数である。外帯の組石は、現在なくなっているものがあったとして、97基、同様に内帯12基となっている。（秋元信夫氏著、「大湯環状列石」）

この組石1基の数は、組石の種類によって同じではないが、概略計算上、同一と考えると、外帯の石の数は内帯のそれよりも約八倍多い。このように考えて、外帯の潜象エネルギー場が内帯に移されたとき、百倍を越す高い潜象場が内帯に発生したのではないかと思われるのである。これは運動量的な考え方であるが、エネルギーの計算になると、速度の二乗になるため、さらに大きなものとなる。

いろいろな条件があると思われるし、内帯、外帯組石の状態も不明なので、これ以上の計算はしないが、外帯組石に集められた潜象エネルギーの回転場ができ、それが内帯に伝えられ、内帯組石に高潜象エネルギーが流入したとしたら、とてつもない高潜象エネルギーと、超高速の回転場ができることになる。

日時計組石は、外帯内周に組石の中心がきている。この位置はサークルの中心より14メートルに当たる。

先に、男神山・女神山の方向を向いていることから、そちらからの潜象エネルギーを受けて、外帯組石に供給していると考えたが、それだけではないようである。外帯組石の回転場の制御にも、使われていたとも思えるのである。

さらに、組石40号址や、12号址も、元は日時計組石ではなかったかとも考えられ、このあたりをどう判断するかで、日時計組石の役割が変わってくる。もし、こう考えれば、日時計組石の数は合計6基であったといえよう。

この日時計組石の配置からみて、ここで受けている潜象エネルギーの搬送波の波長は12メートル内外ではなかったろうかという考えが浮かんできた。これは電波のＶＨＦ帯に相当する波長である。あるいは半波長のアンテナと同じように考えると、一波長は24メートルということになる。この24メートルというのは、万座遺跡の半径と同じである。

こうなると、黒又山頂上付近の地下にあるという石室のサイズ（約十メートル）に、だいぶ近づいてくる。

註　もし、日時計組石自体の大きさを問題にすれば、直径が約2・9メートル、半径は約1・5メートルほどになる。これに対応する電波の帯域はメートル波である。電波の搬送波に相当する潜象エネルギーの波長が、どの帯域に設定されていたかによって、取り扱いは少し変わってくるとは思うが、いずれにしても、メートル波に近い波長の潜象エネルギーを受けていたことになる。日時計組石のサイズは、ほかの組石に比して一回り大きいので、役割が異なるのは明確である。

このように、いろいろとその機能・働きについて考えが浮かんでくるが、遺跡の現状と照らし合わせてみて、決定的なメカニズムの解明には、まだほど遠い状態にある。遺跡の復元が、きわめて困難であるので止むを得ない。

さて、野中堂遺跡はどうであろうか。確認されている組石の数が非常に少ないことから、万座遺跡よりも、かなりおおまかな検討になる。

昭和二十六・二十七年の調査報告書をもとにして、その大きさを書き出してみると、

万座遺跡の組石と黒又山

次のようになる。

（1）サークルの中心より内帯内側までの距離は2・85メートル

（2）内帯の幅は3・8メートル

（3）サークルの中心より外帯内側円周までの距離は15メートル

（4）外帯の幅は6・7メートル

（5）サークルの中心より外帯外側円周までの距離は21・65メートル

（6）サークルの中心より日時計組石までの距離は8・3メートル

この数字は、野中堂遺跡実測図の長さを、縮尺により換算した数値である。なにしろ、組石が非常に少ないので、この範囲を決めるにも、相当苦労があったようで、本文中に、万座遺跡のような説明は出てきていない。

図面よりの換算では、この数値になるが、多少ラフに数字を丸めてみた。

（1）サークルの中心より内帯内側円周までの距離は3メートル

（2）内帯の幅は4メートル

（3）サークルの中心より外帯内側円周までの距離は3メートル

（4）外帯の幅は7メートル

（5）サークルの中心より外帯外側までの距離は22メートル

（6）サークルの中心より日時計組石（中心）までの距離は8メートル

以上が野中堂遺跡を構成する内帯、外帯等の大きさである。やはり、ここでは日時計組石の位置が、内帯寄りになっていることが注目される。

次に、両遺跡の間には何があるのかを探るため、二つの遺跡を比較してみたい。[註1]

	万座	野中堂	差
サークルの中心~内帯内側円周	4m	3m	マイナス1m
内帯幅	4m	4m	0
サークルの中心~外帯内側円周	14・5m	15m	プラス0・5m
外帯幅	8・5m	7m	マイナス1・5m
サークルの中心~外帯外側内周	25+2m[註2]	22m	マイナス3&2m
サークルの中心~日時計中心	14・5m	8m	マイナス5・5m

註1　万座遺跡の数字は図面より算出したので、前に調査報告書の本文から引用したものと少し異なるが、ご了解いただきたい。

註2　サークルの中心~外帯外側内周に、+2及び&2mとあるのは、外帯外周と最

外周の幅である。25メートルが本来のサークル外周と考えられるので、これと最外周とを区別した。

以上からわかるように、野中堂遺跡は万座遺跡に比べて、やや小振りになっている。このなかで、内帯幅だけは万座遺跡のそれと同じである。ただし、サークルの中心からの距離が1メートルほど短いので、それを考慮に入れると四分の三くらい小さいことになる。

万座遺跡と一番異なっているのは、日時計組石の位置であるが、前にも述べたように、万座遺跡との繋がり上、この位置が決められたと考えられる。

二つの遺跡を、一つの潜象エネルギーの集約、変換装置と考えたとき、この両者間の距離は、何を意味することになるのであろうか。それぞれの中心間の距離は、約136メートルである。（調査報告書遺跡付近地形図より）

この両遺跡間の136メートルは、野中堂遺跡の直径44メートル（半径22メートル）のほぼ三倍である。このことから、両遺跡間に潜象エネルギーの繋がりがあると考えてよいと思われる。

万座・野中堂遺跡の大きさと相対位置

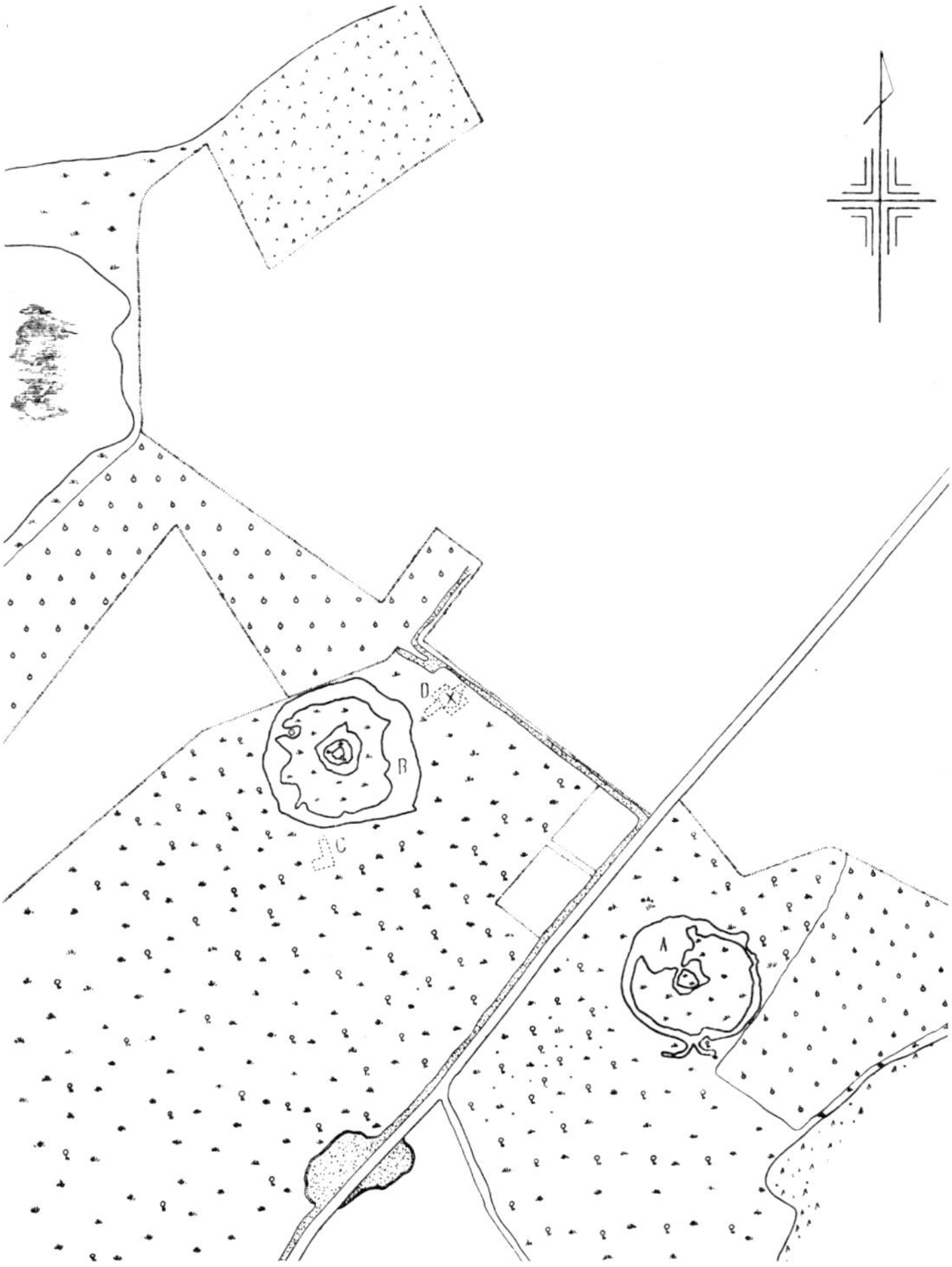

193　万座遺跡・野中堂遺跡の大きさ

註　野中堂遺跡の直径が45メートルであれば、両遺跡間の距離136メートルは、ちょうどその三倍に当たる。（正確には135メートルに対して）この遺跡は形が相当崩れているので、元々は45メートルであった可能性もないとは言えない。また、これは4・5キロメートルの百分の一になるので、こちらとの関連も考えられるが、そこまでの飛躍は避けておく。

万座遺跡の内帯に凝縮された潜象エネルギーが、野中堂遺跡の内帯に伝えられ、それが外帯のサークルにまた、新たな回転場を発生させ、もう一つのエネルギーを生み出しているものと思われるのである。

野中堂に創り出された潜象エネルギーの性質や、それがどのように利用されていたかについては、野中堂遺跡の構造がほとんどわかっていないので、これ以上の追求はできないが、何らかの手段で、十和田高原へ送られていたものと考えられる。

トルネード・竜巻発生のメカニズム

気象学の本を読んでいたら、トルネード・竜巻発生のメカニズムの説明があった。トルネードと竜巻は同種の回転する風で、竜巻の巨大なものをトルネードと呼んでいるようである。したがって、その発生メカニズムは同じである。

竜巻には左旋回（反時計回り）のものも、右旋回（時計回り）のものもある。積乱雲のある場合に起こることが多く、その雲底から漏斗状の雲が垂れ下がっている。トルネードは竜巻と同種類のもので、さらに強烈なものである。これが発生するのは、アメリカとオーストラリアに限られ、特に、アメリカのミシシッピー川流域に多い。

トルネードに伴う風は、地上における風のうち、最も強烈なものであり、風速は、平均毎秒100メートルほどもある。極端な場合には、毎秒200メートルにも達すると想像されている。

したがって、その破壊力も強大で、通過したあとでは、樹木といい、家屋といい、完全なものは何一つ残らないということである。

トルネードが竜巻と異なる点は、その規模が大きいばかりでなく、風の回転方向が常に左旋回であるということである。（『新版気象学概論』、山本義一著、朝倉書店）

どうも左旋回の方が、巨大渦巻き（回転流）に発達するようである。

この説明とは若干異なるが、以前読んだ本の中で、トルネード発生のメカニズムを解明する一つの理論に出会ったことがある。その説明は次のようになっていた。

積乱雲の中で、トルネードが発達する直前の様子は、この積乱雲の中に無数の小さな渦巻きが発生している。この小さな渦巻きが何らかのきっかけで、一つの大きな渦に統合されてゆく。そして、巨大な渦巻きであるトルネードに発達する。つまり巨大な渦巻きの中には、多数の小さな渦巻きを含んでいる。

つまり、トルネードを横方向に輪切りにした断面図で見た場合、大きな渦巻きの中に、トルネードの回転方向と同じ方向に回転している無数の小渦巻きが存在していることになる。

言い換えると、無数の小渦巻きの集合が巨大渦巻き、つまりトルネードであるということである。

これが正しければ、このメカニズムは将来役に立つものに発展してゆく可能性が高い。

その本には、トルネードに関する興味深い現象が、もう一つ報告されている。トルネードが通過した場所は、ほとんどの場合、樹木も家屋も破壊されてしまう。ところが、ごく希に、家屋が何の損傷も受けずに、元あった場所から離れたところに移動していることがあるそうである。その理由は明らかにされていなかったが、その家屋はトルネードによってそっと持ち上げられ、空中を移動し、また地上にそっと置かれたとしか考えられないのである。

これは、トルネード内部に、何らかの上向きの力が働いていたことを意味している。トルネードの回転部分の風は、毎秒１００メートルという強さなので、家屋は破壊されてしまうが、この影響を受けずに、トルネードに取り込まれた家屋に上向きの力が働き、空中に持ち上げられ、トルネードの移動とともに移動し、ある地点で、その上向きの力が弱まり、地上に家置かれたということになる。

私が注目したのは、このトルネード内部に発生した上向きの力である。この力は、なぜ発生したのであろうか。

もちろん、トルネードの中心部（心核）の気圧は非常に下がっており、周囲よりは数十ミリバール（ヘクトパスカル）も低い。しかし気圧が低いだけでは上向きの力は発生しない。『新版気象学概論』には、トルネードの外側部分では、空気は螺旋状に回転しながら上昇し、心核の部分では下降気流となると説明されている。

そして、外側の回転流に当たった家屋は、強烈な風のため破壊されてしまうはずである。家屋を破壊しないで持ち上げる力ではないのである。

トルネードの内部では、一体、何が起こっているのであろうか。これに対する気象学上の説明はまだない。

私はこのトルネードの内部には、空気の上昇流とは別に、上向きの力（重力とは反対向きの力）が発生していると考える。

トルネードの回転方向は左回転であるから、左旋回の螺旋上昇流がトルネードの外筒にあることになる。この螺旋上昇流が発生すると、その内部には、上向きの力が発生すると考えられる。上向きの力は、上昇気流とは別種の力である。これは局部的に発生した負の重力である。この力については、別の機会に話をすることにする。

ここで、なぜ、トルネードの話を持ち出したかについては理由がある。それはストーンサークルが、トルネード発生原因に関連していると考えるからである。

ここで述べたトルネード発生のメカニズムが、気象学上、完全に承認されているわけではないので、こうであると断定はできない。しかし、この説はトルネード発生原因の本質を突いているように思えるのである。

積乱雲の中に発生した無数の小さな左旋回渦巻きの集合が、巨大渦巻きに統合されることを今回はとり上げたいのである。

エピローグ　ストーンサークルのメカニズム

自然のエネルギーには、似通ったところが多い。トルネード発生のメカニズムと似たことが潜象界にも起こり得ると考えることは、そんなに不自然ではないはずである。ストーンサークルでも、潜象エネルギーの回転場を、人工的に造り出していると思われる。

ストーンサークルは、外帯列石といわれる部分と内帯列石に大別される。これらは、さらに、いくつもの円形状の組石——小ストーンサークル——から成り立っている。この小ストーンサークルが、ぎっしりと連続して、外帯や内帯を構成しているのである。

スタティックな潜象エネルギーは、動力としては使えないので、これをダイナミックな潜象エネルギーに変える必要がある。ストーンサークルは、そのための装置であり、何らかの操作を行うことにより、外帯の小ストーンサークル群のそれぞれに、ここに集積された潜象エネルギーの回転場を発生させることができたのではなかろうか。

組石が何種類かあるが、それぞれ役割を持っていたのであろう。想定復元図を作ってみたが、組石の多くが失われ、不完全なので、どの組石がどういう役割を持っていたかまでは想像がつかない。

ただ、全体として、ここに巨大な潜象エネルギーの回転場を出現させていた。それは、トルネードの小さな渦の集合体が、巨大渦巻きに発達するのと同じであると考えた。

このようにして、外帯に発生した大きな潜象エネルギー回転場は、当然のことながら、内帯組石に対して、何らかの影響を与えることになる。

ストーンサークルの外帯と内帯との関係は、誘導型モータの一次コイルと二次コイルの関係に似ている。通常のモータでは一次コイルと二次コイルとの間隙は、数ミリ程度で、決して広くはない。この場合、モータとは比較にならないほど広い。潜象エネルギーの回転場では、電気の場合と異なり、外帯と内帯とのサークルの間には広いスペースを置くようになるのであろう。

電気の場合でも、高圧送電の場合は、絶縁のために送電線間隔を広く取るが、ストーンサークルでも、取り扱う潜象エネルギーのポテンシャルが非常に高ければ、これくらいのスペースが必要なのかもしれない。

ここでは、一般的に馴染みのある誘導型モータで説明したが、ある意味では、静電発電機や、静電モータと比較するのがよいのかもしれない。しかし、この静電発電機は数十キロボルトの高圧を必要とするし、大電力を得るには不向きで一般的ではない。

同じ電力を得るのに、電圧を高くして電流を少なくするか、電圧をあまり高くしないで、電流を多くするかは、用途によって異なる。前者の例は、高圧送電である。この利点は、電流が少ないので送電中の損失が少ない。その代わり、高電圧に対する絶縁が大変である。電圧を低くして電流を増やす方法はごく一般的である。絶縁の問題が少ないからである。

ストーンサークルを用いた、潜象エネルギーの動力装置に蓄積されたエネルギーのポテンシャルは、静電発電機の場合よりも、さらに高く、電気と比較すれば、おそらく数百万ボルトにも相当したであろう。

前にも述べたように、万座遺跡と野中堂遺跡とは、ペアで一つの装置になっているものと思われる。それは、野中堂のサークルの中心から見た日時計組石の方向が、ピタリと万座のサークルの中心を向いているからである。

野中堂遺跡は荒廃が甚だしくて、その構造を推測することができない。したがって、その機能を推測する根拠にも乏しく、こうであったに違いないと言い切れないところが多いが、本書の題名にあやかって話を進めることをお許し願いたい。

ストーンサークルと黒又山との距離が、ピタリ2キロメートルであることは、謎のままである。この両者が無関係であるならば、この距離をそう気にしないでもよい。しかし、人が、人工の山、あるいは自然の山に手を加えて、黒又山の頂上付近に石室を作ったとなると、この両者には何らかの関連があると考えざるを得ないのである。

黒又山が、単に岩木山からの潜象エネルギーを受け、ストーンサークルへ供給しているだけならば、それは、距離的に十分な説得力を持たない。

さらに、黒又山の頂上付近にある石室の向きは、夏至の日の、日の出の方向に近い(『日本超古代のすべて』)、つまり、ストーンサークルとは逆方向なので、なぜであろうかとの疑問が残る。

この石室の入り口の方向を地図上で延長してみると、大黒森(k―6)に到達する。そして、両者間の距離は約21・5キロメートルで、これは4・5キロメートルの4・8倍に当たる。

したがって、大黒森からの潜象エネルギーを、黒又山が受けていると言ってしまえば済むことなのかもしれないが、それだけではないはずである。それだけでは、ストーンサークルと黒又山との繋がりは、出てこないのである。また、それだけならば、なにも石室をわざわざ造ることもないであろうと思う。

この石室が、ストーンサークルの組石の下にある竪穴と同じ働きを持つものなら、石室の開口部の方向は、別の意味がありそうである。この問題は解明できていないが、ストーンサークルと黒又山とが、一つの潜象エネルギーセンター構造の一部として、建造されたものではないかと考えている。

黒又山は、ストーンサークルへ潜象エネルギーを伝えることのほかに、ストーンサークルで新たに創り出された潜象エネルギーを十和田高原へ送る働きも、同時に受け持っており、この両者間の謎の2キロメートルというのは、ストーンサークルで、新たに生成されたエネルギーを送るのに、ちょうどよい距離だったのであろう。

万座遺跡で集約された巨大な潜象エネルギーは、野中堂遺跡に送られ、その間に、何らかのエネルギー変換がなされ、使いやすい状態にして、黒又山へ送られる。黒又山からは、迷ケ平の十和田高原施設に送られた。そして、そこに住んでいる人たちが、この自然エネルギーを活用していた。つまり大湯のストーンサークルは、現代の発電所に近い動力として使える、潜象エネルギー発生装置であった。そして、黒又山は変電所、送電所に似た働きをする施設だったとも思えるのである。

かつて、何千年か、何万年か前に、十和田湖山の麓に、高度な文明が花開いており、そこに住む人たちは、自然のエネルギーを利用した装置を造り、それを生活の中に利用していた。

十和田湖山の噴火により、一挙にこの住人たちは滅び、エネルギー装置も壊された。わずかに生き残った人たちがいたとしても、再び、自然エネルギーを用いた新しい装置を造り上げることはできず、幾世代も経るうちに、その記憶も完全に失われてしまったのである。さらに長い年月が過ぎて、別の文明が芽生え、現代に引き継がれているのであろう。

現代の科学は、私たちに多くの繁栄と、利便をもたらしている。しかし、その一方で、自然破壊や、生物の存続を脅かすような副次的悪影響が、次第に大きくなりつつある。最近、地球環境の浄化が、世界中で強く提唱されるようになってきた。現代科学のこのような欠陥を如何にしてなくすかという研究も、すでに始まっている。

これまで私が述べてきたことは、これとはまったく異なったやり方ではあるが、いつの日か、自然のエネルギーを用いた新しい科学が、もう一度花開くときが来ることを期待しつつ、この話を終わりたい。

最後に、本書の出版に当たって、田丸剛士氏（文中T氏）との長年にわたる調査が参考になったこと、S氏（本人の希望により匿名とさせていただく）の多大なる協力があったことに感謝し、さらに、調査に当たって、ご協力いただいた方々に厚くお礼申し上げる次第である。なお、編集出版に当たっては、今日の話題社社長・武田崇元氏、及び、同社編集部・久米晶文氏のご努力に感謝する次第である。

参考資料

「大湯町環状列石」（遺跡発掘調査報告書）文化財保護委員会（委員長・高橋誠一郎）
『日本超古代文明のすべて』佐治芳彦・高橋良典・鈴木旭・幸沙代子・関裕二他、日本文芸社
『歴史読本』一九九二年九月号、新人物往来社
『よねしろ考古学』（第六号）、よねしろ考古学研究会
『よねしろ考古学』（第八号）、よねしろ考古学研究会
『太古の神都・十和田高原』、十和田高原開発協会
『日本のピラミッド』武内裕著、大陸書房
『日本にピラミッドが実在した』山田久延彦著、徳間書店
『八の太郎と南祖之坊』正部家種康著、伊吉書院
『相似象学会誌』（創刊号〜七号）、宇野多美恵編集、相似象学会事務所
『マイクロ波・光工学』宮内一洋、赤池正巳・石尾秀樹共著、コロナ社

『アンテナ入門』F・Rコナー原著・安藤真訳、森北出版株式会社
『新版気象学概論』山本義一著、朝倉書店
『光と物質』桜井邦朋著、東京教学社
『神々の棲む山』長池透著、たま出版

長池　透（ながいけ　とおる）
1993年宮崎県生まれ。電気通信大学卒業後、日本航空整備株式会社（現日本航空株式会社航空機整備部門）入社。航空機整備業務、整備部門管理業務、運航乗務員養成部門、空港計画部門などを経て、磁気浮上リニア・モータ開発業務に従事。1993年、定年退職。20数年にわたり、超古代文明、遺跡の調査研究を行い現在に至る。著書に『神々の棲む山』（たま出版）がある。

十和田湖山幻想――ストーンサークルと黒又山――

2001年7月6日　初版発行

著　者	長池　透
装　幀	谷元将泰
発行者	和田平作
発行所	今日の話題社 東京都品川区上大崎2-13-35 ニューフジビル2F TEL 03-3442-9205　FAX 03-3444-9439
レイアウト・組版	初木葉陽
印　刷	互恵印刷＋トミナガ
製　本	難波製本
用　紙	神田洋紙店

ISBN4-87565-518-5　C0011